中国改革开放40年（1978–2018）与中国金融学科发展

吴晓求◎主编

中国经济出版社
CHINA ECONOMIC PUBLISHING HOUSE
北京

图书在版编目（CIP）数据

中国改革开放40年与中国金融学科发展／吴晓求主编. --北京：中国经济出版社，2019.9
ISBN 978-7-5136-5816-4

Ⅰ.①中… Ⅱ.①吴… Ⅲ.①金融学-中国-文集
Ⅳ.①F832-53

中国版本图书馆CIP数据核字（2019）第179158号

责任编辑 贺 静
责任印制 巢新强
封面设计 华子设计

出版发行 中国经济出版社
印 刷 者 北京柏力行彩印有限公司
经 销 者 各地新华书店
开 本 710mm×1000mm 1/16
印 张 9.5
字 数 127千字
版 次 2019年9月第1版
印 次 2019年9月第1次
定 价 59.00元
广告经营许可证 京西工商广字第8179号

中国经济出版社 **网址** www.economyph.com **社址** 北京市东城区安定门外大街58号 **邮编** 100011
本版图书如存在印装质量问题，请与本社销售中心联系调换（联系电话：010-57512564）

序　言

今天我们共聚逸夫会议中心参加中国人民大学金融学科第二届年会。2018年是改革开放40周年，也是中国人民大学复校40周年，在这样一个特殊的日子里，以中国改革开放40年与中国金融学科发展为主题，举行这个年会非常有意义。

2017年中国人民大学建校80周年，习近平总书记发来贺信，当时对人民大学有一句评价："中国人民大学在我国人文社会科学领域独树一帜。"作为中国人民大学最早建立的学科之一，金融学科的发展始终按照中国特色世界一流的标准在建设、在发展，应该说探索出了一条兼具国际视野和人大学派的发展之路，中国人民大学因有出色的金融学科发展和成绩感到骄傲，中国人民大学在金融学科领域的发展为我国金融学科发展作出了贡献，奠定了在中国金融高等教育领域的地位，可以被称为"排头兵"和"领头雁"，说得骄傲了一点，但实际上也差不多是这个位置。

因为自2004年教育部开展学科评估以来，以金融学为骨干的中国人民大学应用经济学在三次评估中连续排名全国第一位，这是很不容易的一件事情。2017年又获评A+，入选国家双一流学科建设。今天，中国人民大学，我们是这样定位的：中国人民大学的学科叫特色的文科、精干的工科，但是在学校整个发展过程中，应该说已经建成财政金融学院为主体，财政金融学院、商学院、经济学院、汉青经济与金融高级研究院、重阳金融研究院、金融与证券研究所、中国普惠金融研究院等院共同参与的一个大金融学科的博学体系。

2018年是改革开放40周年，是中央和国家关于全面贯彻党的十九大精神的开局之年，也是决胜全面建成小康社会、实施“十三五”规划承上启下的关键一年，这次的年会主题是改革开放40年与中国金融学科的发展，40年来，中国金融市场化的进程不断加速，金融体系的结构都在发生着不断变化，科技金融的影响力也在发挥前所未有的作用，金融学科的人才培养正面临一系列新的挑战。面对新的挑战，确实需要认真总结40年来金融业的改革发展和金融学科改革发展的经验，对我们国家金融业的进一步改革发展，还有金融学科未来的发展模式进行进一步的探索。我相信这次年会的召开一定会在学术界、政策界，还有实务界的推动下取得丰硕的成果。我也衷心地希望，中国人民大学金融学科进一步扎根中国大地，大力提升国际性，注意解决中国经济金融发展重大问题，并把中国的金融学和领域贡献给世界，贡献给社会。

中国人民大学党委书记　靳诺

2018年9月29日

目　录

主题报告

圆桌论坛

学术报告

闭幕致辞

附 录

主题报告

主题报告一

改革开放40年：中国金融的变革与发展

中国人民大学副校长　吴晓求

2017年，我们举办了第一届金融学科年会，是完全封闭式的，只有人民大学的教师参加。2018年，我们邀请了包括李扬教授、宋敏教授等在内的几位校外专家，还专门邀请了斯洛文尼亚原总统达尼洛·图尔克先生和国家外管局副局长陆磊先生作午餐会演讲。当然，主体还是人民大学金融学科的教授。

会前，靳诺书记问我，人民大学金融学科最大的特点是什么？我请张成思回答，成思回答得还算比较准确。刘伟校长也经常问我："很多国际排名，为什么看不到人民大学金融学科？"关于这个问题，他实际上在两三年前就问过了，对我刺激很大。我细细思考，首先，我还得说人民大学金融学科在中国高校中排名是第一的，这毋庸置疑，也无可争议。人民大学金融学科有自己的优势，其优势是学科比较综合，每一个研究领域都有学术涵养很高的教授，学科方向比较完整。同时，这个学术群体的理论功底、理论基础是扎实的。

中国人民大学金融学科有两个问题比较明确：一是研究方法需要进一步改进，要有很好的计量；二是国际发表相对少了一点。目前，我们的国际发表与人民大学的学科地位不匹配。如果在这两个方面作一些改进，人民大学的金融学科就会有更大的影响力。

为什么要开人民大学金融学科年会呢？就是要告诉在座的各位，我们的学术研究与国际是有差距的，我们要找到问题的重点和改进的方向。我们以后将形成这样的惯例。

受大会组委会委托，我作一个中国人民大学金融学科年会的主题报告。我写了一份6万字的研究报告，在这里作简要说明。

2018年是中国改革开放40年，回顾总结中国金融的变革和发展非常重要，后面会有人专门谈中国金融学的发展，特别是在随后的圆桌论坛上，每位教授都会讲金融学在中国的发展。

改革开放40年，中国社会发生了翻天覆地的变化，应该说取得了人类发展历史上的伟大成就。中国由改革开放前的贫穷、落后、封闭的国家，变成小康、进步、开放的社会主义现代化国家。随着中国经济的发展和市场化改革的推进，40年来，中国金融无论在规模、结构、业态，还是在功能、竞争力、国际影响力等方面都发生了深刻的变革。中国金融已经从改革开放之初的传统、落后、带有非常明显计划经济痕迹的计划金融，转变成初具现代金融特征的市场化金融，中国金融开始具有大国金融的一些特征。金融结构的变化、市场化方向、技术性特征和国际化趋势，应该说是未来中国金融改革和发展的基本特征。

总结改革开放40年来中国金融的发展经验、改革路径和利弊得失，全面、客观地分析和了解中国金融的现状，应该说是进一步推动中国金融深化改革和全面开放的基本前提。我们要谋划未来，要理性自信，首先要对金融的历史和现状有深刻的把握，同时要对未来金融发展的趋势有深刻的洞察力。本着这样一种想法，我对改革开放40年来中国金融的变革和发展作了一些梳理，在这个基础上，提出了未来中国金融发展的战略设想和改革路径。

一、中国金融结构的变化

这里主要从金融资产规模扩张、结构调整角度进行分析。经过40年的改革开放，中国金融资产中证券化金融资产的比重有了大幅提升，虽然最近一段时期股票市场有一些低迷，但从整体趋势来看，证券化金融资产包括债券和股票的规模和比例是上升的，其中虽然有一些波动，但证券化金融资产的增长是一个非常重要的变化。

从金融资产规模看，其增长速度也是惊人的。先从居民部门看，居民储蓄存款1978年只有210亿元，城乡居民储蓄存款加起来才210亿元，到现在已经超过了68万亿元，从210亿元到68万亿元，增长了多少倍？从金融总资产来看，1978年中国全社会大概只有1000多亿元，现在已经达到了360万亿元；外汇储备1978年是1.67亿美元，现在是在3.1万亿美元左右。

观察金融资产规模的结构变化，从融资机制角度也看得很清楚。关于融资机制，我们经常说直接融资、间接融资，这是一个非常粗浅的表述。实际上，我对这种表述始终有 种疑虑，因为这种表述是从增量的角度来看的。实际上，证券化金融资产的存量价值比增量更重要，如果仅从增量来比较，间接融资在未来很难占有重要地位，因其存量很大、增量较小。从对金融功能的理解来看，资产存量比增量要重要得多。所以，我更注重存量的比较，不太注重增量的比较。证券化资产的存量市值客观上是在不断增长的，与银行信贷资产相比，应该说增长速度要快一点。

从金融资产结构变化来看，特别是基于财富管理角度，中国金融结构已经发生了重大变化，中国金融已经进入市场化金融发展阶段，居民部门持有的证券化金融资产占比在不断提升。

二、金融业态的变化

中国金融业态经历了从单一到多元的发展过程。1990年之前，中国金融业态非常单一，商业银行基本上是唯一的金融业态。1990 年，沪、深两个证券交易所的建立，开启了金融脱媒的序幕，中国金融开始进入二元时代，尽管这时证券化金融资产的比重还比较小。2005 年股权分置改革后，证券化金融资产的比重不断提升。1990—2005 年，虽然经济增长速度很快，但受制于股权分置的约束，中国资本市场发展速度非常缓慢。2005 年股权分置改革后，中国资本市场市值有了大幅增长，流通市值的比例大幅提高，从 25% 逐步上升到现在的 90% 左右，中国资本市场基本实现了全流通。中国金融业态在股权分置改革后开始进入二元时代。

2010 年以来，随着新科技对金融基因的深度渗透，金融业态开始呈现出多元化的特征，新的金融业态开始出现。如果说，市场是对传统金融融资的脱媒，那么高科技对金融基因的改变则使金融的脱媒速度大大加快，甚至可以称为金融的第二次脱媒。基于科技的脱媒，尤其是基于支付的脱媒，对传统金融有着巨大影响力，甚至是颠覆性的。中国金融在市场“脱媒”趋势的推动下，有序但相对缓慢地发生着结构性变化，而高科技对金融基因的深度渗透，客观上以更快的速度加快了中国金融的结构性变革，特别是业态的变革。

金融业态的变革意味着金融功能和金融结构将发生重大变化，也意味着金融效率的提高。高科技对金融的深度渗透，形成了第三金融业态，我们有时称之为科技金融，或者 FinTech。与之相对应，第二金融业态是指资本市场，第一金融业态是指银行类金融机构。新的金融业态的出现，标志着中国金融进入业态多元的竞争时代。这种跨越时空约束的新金融业态给传统金融带来了深刻的甚至是颠覆性的影响。

这里需要思考的是，为什么在第三金融业态中或互联网金融中，P2P 会出现如此严重的问题？这是因为现在的 P2P 缺乏两个赖以存在的条件：一是缺乏足够的大数据。没有足够的大数据，平台无法在网上进行信用评估，无法对客户进行信用甄别，继而失去了存在的基石。二是 P2P 从业人员没有正确理解互联网金融的属性。互联网金融是低利润的金融业态，其服务对象是中低收入阶层和小微企业，其利润水平甚至比传统金融还要低，但很多从业者把它看作暴利的金融业态，这是严重的误解。

三、金融风险结构的变化

金融业态的变化会使中国金融的风险结构发生变化。在以商业银行为主要业态的条件下，中国金融面临的风险主要是机构风险，风险来源于资本不足，所以，对传统金融机构监管的基石指标是资本充足率，通过资本充足率对冲风险的外溢，以维持金融机构的稳定。之后，增加了包括存款准备金制度等在内的监管指标，主要是管理和对冲金融风险可能产生的外部影响。

随着金融业态从第一业态、第二业态发展到第三业态，金融风险结构随之发生了变化。第二金融业态即资本市场和第三金融业态的风险主要来自信息披露和市场透明度。基于这样一种判断，可以认为，中国金融风险结构已经从原来的资本不足风险演变成资本不足风险与透明度风险并重。无论是资本市场还是第三金融业态，其主要面临的都是透明度风险。因此，中国金融现在已经进入机构风险与透明度风险并存的时代，这样的风险结构也意味着监管结构要作相应调整。

四、中国金融的对外开放

评价一国金融的开放程度，主要从两个方面来观察：一是汇率制度改革；二是国际资本流动。我增加了第三个指标——中国金融的国际影响力。下面我们从这三个方面来看一看中国金融在过去40年发生了哪些变化。

从汇率制度看，中国的汇率机制改革经过了几个节点，在座有很多这方面的专家。1994年是一个节点，这一年中国汇率机制结束了双汇率制，建立了以市场供求关系为基础、单一有管理的浮动汇率制度。2005年是汇率机制改革重要的一年，这一年中国汇率机制进行了重大改革，核心内容是不再盯住单一美元，而是形成参考篮子货币的有管理的浮动汇率制度。从单一美元到篮子货币，是人民币汇率制度结构性改革的重要内容。2015年8月11日启动了汇率改革，史称“8·11”汇改。这次汇改最重要的内容是，参考前一个交易日的收盘价作为次日的中间价，且浮动区间扩大到±2%，扩大了人民币汇率浮动的范围。这里很重要的是，考虑了前日收盘价的作用。“8·11”汇改最初也是单一制的汇改，实际执行中市场波动较大，后来加入了篮子货币。实际上，我们一直在单一美元与篮子货币之间进行调整，发现单一美元不行，就加入篮子货币。2017年5月26日，我们又加入了“逆周期因子”。

从汇改的基本实践可以看得很清楚：中间价定价由机构报价到市场收盘价，参考货币由单一货币到篮子货币，浮动幅度由±0.5%到±2%，从直接管理、窗口指导到引入逆周期调节因子，这些都是汇率机制改革的核心元素。

人民币汇率机制改革的基本方向是明确的，从1981年到现在，可以发现中国汇改的基本方向是市场化，对此我们坚定不移，只是我们在操作上非常谨慎，采取的是探索性试错方法，一旦发现问题就马上作一些微调。无论如何，中国汇改的市场化方向不可逆转。国际资本流动体现了中国金融的对外开放，主要通过三个指标来观察：FDI、对外投资和资本市场境外资本流入。从统计数据可以看到，FDI最近十几年增长很快，现在大体处在1400亿美元左右。对外投资部分，最近两三年也在快速增长，特别是2016年增长速度非常快，后因汇率制度作了一些调整，2017年有所回落。

国际资本流动除FDI和对外投资以外，还有一个重要指标，就是资本市场资金的流入流出，最重要的是资本流入。中国资本市场对外开放，主要有四个管道：QFII、RQFII、沪港通和深港通。这四个管道的市场占比通常在2%左右，最近有所增长，也只在2.5%左右。应该说，与伦敦市场的

60%、东京市场的40%、纽约市场的25%相比，中国资本市场的2.5%是非常低的，这说明中国资本市场对外开放的空间巨大。

人民币的离岸规模，也是人民币国际影响力的重要指标。目前，人民币离岸规模越来越大，现在约在1.8万亿元到2.8万亿元，主要分布在中国香港和中国台湾、新加坡等地。

人民币的互换，是对外开放的重要标志。中国人民银行与40多个国家签订了货币互换协议，互换总额达到了33687亿元人民币。

五、中国金融监管模式的变化

由于金融资产结构、金融业态变化、金融的对外开放、居民资产分布等方面的变化，中国金融监管模式也发生了一系列重要变化，经历了从“大一统”到分业监管再到“双柱”功能监管的过程。

“大一统”的监管存在于1983—1992年，主要由中国人民银行负责全方位监管。在中国人民银行金融监管司下成立了证券专项办公室，监管股票市场。

1992—2018年是分业监管时代。1992年，中国证监会成立，标志着分业监管的开始。2003年，中国银监会成立，标志着分业监管的完善。这期间是中国分业监管的时代，由“一行三会”分别行使监管职能，走的是分业经营、分业监管的发展道路。这个模式与当时中国金融资产结构和中国金融风险结构是匹配的，对中国金融业的发展起到了重要的推动作用。

2018年3月，中国金融监管进入第三个阶段，即“双柱”功能监管时代。目前，“双支柱”虽尚未形成，但已初具雏形。这种“双柱”监管，是基于风险结构变化的一种选择。中国金融风险已经从过去的机构风险或者资本不足风险过渡到与信息披露或透明度共存的双风险时代。“双柱”监管模式是一种宏观审慎和微观审慎的结合。宏观审慎由央行负责，微观审慎由证监会、银保监会负责，主要监管市场风险、机构风险和市场行为。新的监管模式突出了信息披露监管、透明度监管，这从2018年的资管新规定中就能体现出来。资管新规的一个重大进步就是将透明度监管作为监管重点，要求对投资者进行分级，强调产品的信息披露，监管的重点是透明度，这标志着双柱功能监管时代的来临。

六、中国金融的未来：现代金融体系和大国金融

刚才我从资产规模的扩展、资产结构的变化、金融业态的多元、风险结构的调整、金融监管的变革、金融的国际化等方面，分析了改革开放40年来中国金融所发生的重要变革。基于前述认识，我认为，中国金融的未来，最重要的是构建现代金融体系以及建设大国金融。实际上，今天的中国金融已经具备了现代金融体系的一些基本特征，也开始具备了大国金融的一些元素。对于现代金融体系的基本特征，我的理解有三点。

一是高度市场化。高度市场化包含了金融资产的结构会继续向证券化方向发展，也就是金融资产的证券化率会不断地提升。未来，中国金融是财富管理和融资并重的时代。财富管理很重要，要求市场结构要高度市场化、更加证券化。基于这种看法，我认为，未来中国资本市场会有很大的发展空间。为此，必须调整上市公司的结构和上市标准。目前，中国上市公司的上市标准很传统、很落后，注重规模、注重历史、注重现状、注重盈利，却不关注成长性。历史上，辉煌的企业并不见得在未来仍然辉煌，有些历史上辉煌的企业上市之后就开始走下坡路。

二是高科技化。最近10年，中国金融的进步充分说明了科技对金融的巨大作用，我们深刻地感受到高科技金融对这个时代的改变。原来转账要在银行排队，银行可能会给你一个VIP，但也要花很长时间。现在一般的转账、支付非常简单，2秒就可以解决，这是一个巨大的进步。

三是开放性。中国金融将会越来越开放，中国金融未来的战略目标应该是形成新的国际金融中心。这是中国金融非常重要的战略目标。

中国的大国金融必须具备以下要素：

一是开放、透明、具有成长性的资本市场。这是大国金融的基石。

二是灵活、有效的市场创新能力与满足客户多样化金融需求的金融服务提供商。这一方面我们相对比较落后。中国金融机构的综合服务能力较低，金融创新在一定程度上受到压抑，这里有一个金融创新和金融监管的关系问题。总体来看，改革开放 40 年来，中国金融监管容忍了金融创新，多数时期的监管是宽容的、适当的，但在某个时期金融监管过于功利化，在一定程度上压抑了金融的创新和进步。前一段时间实行强监管，现在又在放松，对此我是有疑虑的。金融监管要遵从金融发展的规律，要按照金融监管的准则走，不能"一会儿收一会儿放"。监管是稳定的，不能出现波动，应先制定好监管准则，再进行规范监管。没有规范监管，没有依法监管，市场就没有预期。市场预期一旦被破坏，市场就会混乱无序。

三是发达的货币市场和安全、便捷的支付体系。

四是人民币的国际化和国际金融中心。

大国金融的结构要素包括以上四个，其中暗含着作为新时期中国大国金融应具有的战略目标。在国际化过程中，我们不要太高调，要坚定务实地推进改革，低调推进国际化。人民币国际化和国际金融中心仍是中国大国金融开放的战略目标。

主题报告二

债务·债务密集度·去杠杆

中国社会科学院原副院长　李扬

2018年是改革开放40周年，我参加了一系列会议，中国社科院已经是第五场，昨天是金融专场，我作了一个介绍。所谓调子变了，随着中国改革开放40年经验的深入总结，我们发现了很多问题，这些问题和挑战需要我们下一步去解决，解决这样一些问题是中国走向强国的必由之路。

从专业金融人员的角度来说，有太多问题没有解决，我今天就选一个角度，最近我们考虑比较多的问题是债务。围绕债务延伸出两个概念：一是经济发展债务的密集度；二是我们当前去杠杆的战略。应当说，很多问题还是没有想清楚，这里我把没有想清楚的事情拿出来，疑义相与析，我们一起讨论。

危机十年，有很多债务问题。毫无疑问，降低债务、稳定杠杆率，是我们所追求的，但是截至2018年4月，全球债务水平高达320万亿美元，超过2017年的237万亿美元，同比增长83万亿美元，债务方面我们没有做好，危机没有过去。在全球经济增长依然乏力的情况下，债务持续增长，引起又一轮的危机，有人说："10年一轮，是不是又来了？"我本人也倾向于这种看法，危机有可能再度降临。但是，要仔细分析数据，分析各种各样的指标，分析各种概念，你会发现，问题不是那么简单。

按照传统的标杆，全球经济危机已经恢复了增长，这两个指数是我们实验室做的，我们衡量市场当中两个最主要的风险：一个是流动性风险；另一个是信用风险（见图1）。结果显示，流动性风险和信用风险在危机之后很快就过去了，就流动性和全社会的信用而言，在发达经济体两年之后，基本上就恢复了正常。

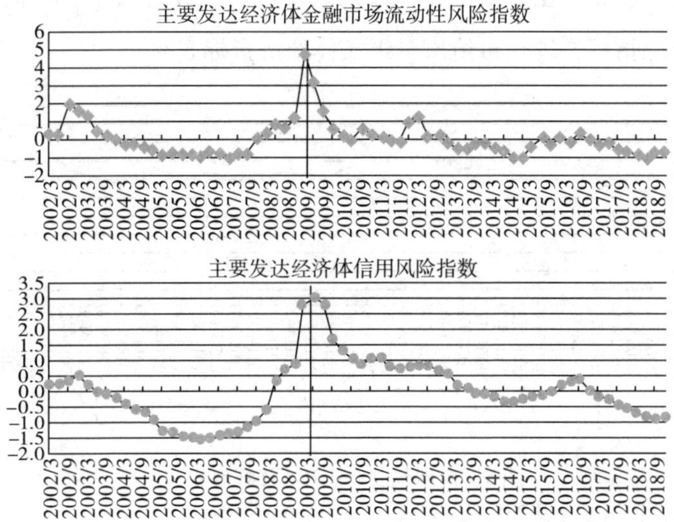

图1　主要风险

资料来源：国家金融与发展实验室。

一说危机，大家知道大规模的下限。但是如果我们按照GDP增长来衡量，全球经济增长在危机之后摆脱了失速的现象（见图2）。

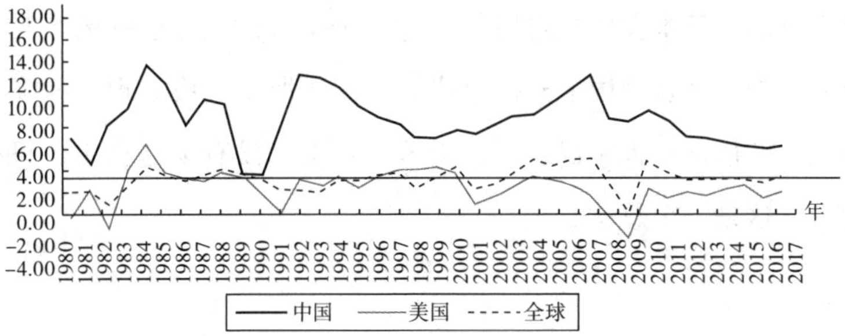

图2　全球经济增速

资料来源：国家金融与发展实验室。

图2中有三组数据：一组是中国的，一组是美国的，还有一组是全球的，我用一条线标出一个平均数。从这个平均数来看，全球的经济增长已经正常，而且正常了很多年，只有3年不正常。正常过程中，有一个美国、中国此消彼长的结构性变化，也就是这个结构性变化构成了当今中美贸易摩擦的基础。迄今为止，全世界没有人敢说危机已经过去了，我们前面给出了一组金融指标，现在再给出一组实体经济指标。

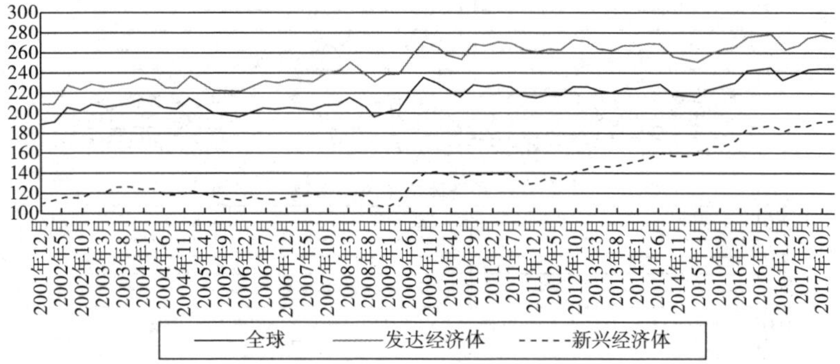

图3　全球债务/GDP（杠杆率）

资料来源：国家金融与发展实验室。

从另一个角度来看，传统的信用、流动性已经恢复了正常，实体经济恢复了正常，但是债务仍在上升。我们可以非常清楚地刻画这个变化，图3中分为发达经济体、新兴经济体、全球，无一例外都在上升。

看一下中国、日本、欧洲、美国。美国作为一个总体，杠杆在危机之后是上升的。日本在危机之后还保持一个平缓的状态。欧洲当时上升，现在有所下降，唯有中国上升得很快，如图4所示，成为现在国际社会诟病中国主要的依据。大家都在下，美国还在上，没有上这么快，只有中国迅速地上，这是一个总体。

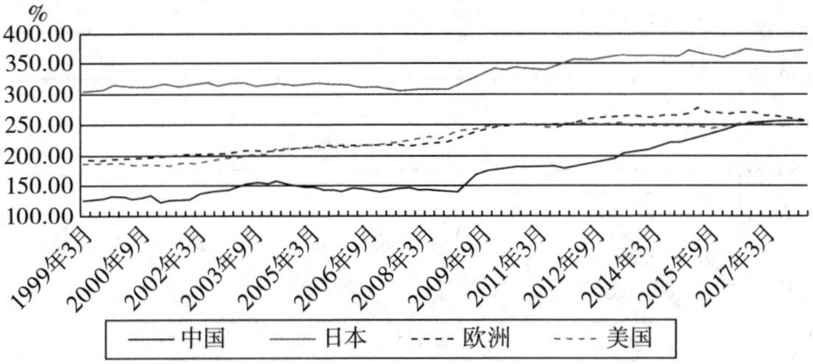

图 4　杠杆率（债务/GDP）走势：中、美、欧、日比较

资料来源：国家金融与发展实验室。

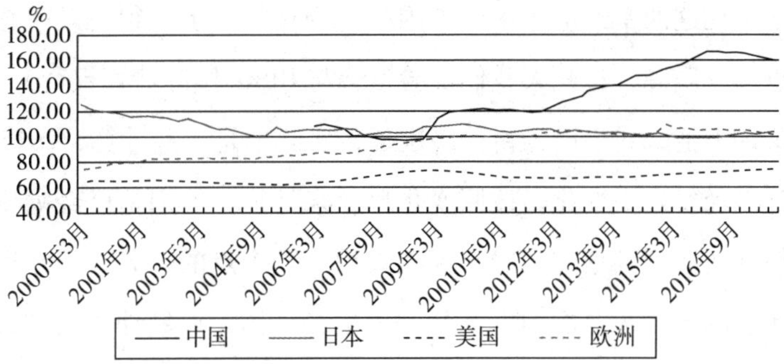

图 5　非金融企业杠杆率（债务/GDP）走势：中、美、欧、日比较

资料来源：国家金融与发展实验室。

非金融企业从图 5 中就很难看出来，日本、美国、欧洲的杠杆率都很平稳了，从图 5 中我们可以平稳地看到什么是发达国家、什么是发展中国家。发达国家一个很重要的特征是企业经营非常稳定，财务指标非常稳定，各方面都非常稳定。

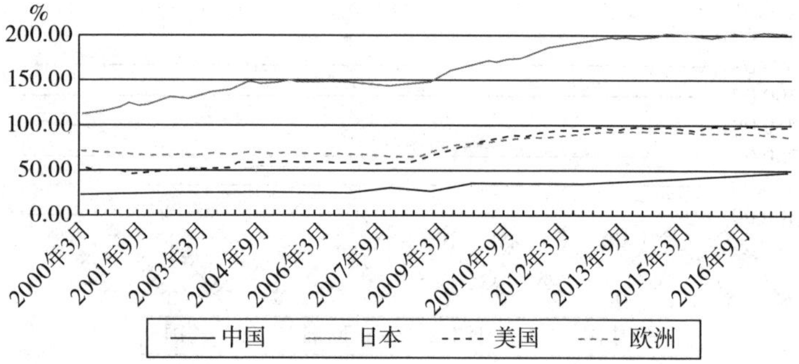

图6　政府杠杆率（债务/GDP）：中、美、欧、日比较

资料来源：国家金融与发展实验室。

很显然在这四个经济体中，中国政府的杠杆率上升得比较平缓，对这个数据也可以质疑，过几天我们实验室会与BIS（国际清算银行）、标普一起讨论这件事情，我们已经讨论多次了，实际上是一些计算，2015年中国支付统计口径发生了变化，按照变化口径来计算，他们把已经划到企业里的一些债务还要划到地方政府，存在大约十几个点的差异。但是即使这样也不影响总的图景，总的图景就是，发达经济体无一例外都在加杠杆，但是我们加得不多。

综上所述，危机之后所有的国家都在加杠杆，但是从结构性来看，发达经济体基本上是非金融企业国家，还有居民方面，我国的居民债务上升也是非常快的。

从结构上看，发达经济体政府的债务发展很快，新兴经济体特别是中国，微观企业和中国居民债务上涨比较快，这个仔细分析也是发达经济体和新兴经济体的区别，发达经济体中，宏观经济出现问题，是政府担着，而在发展中国家，出问题之后会推到企业头上，推到居民头上。

一、债务不断上升

经济增长比较稳定，但是债务不断上升，自然就会产生一个概念，那就是债务经济增长的密集度问题，也就是说，为了支撑一个单位的GDP增长需要多少债务。当我们说到上升的时候，就意味着我们为了达成一个单位的 GDP 增长，现在比以前需要更多的债务，未来比现在还要更多的债务，债务的密集度就上去了。一定要注意，这是一个全球现象，是一个我们回避不了的现象，一个让我们搞金融的很尴尬的现象。

我们在金融领域说债务密集度，放在实体经济里，有一个大数对应的概念，叫资本产出弹性，也就是为了一个量的 GDP 需要多少资本，资本产出弹性也说需要越来越多的资本，到底是效率下降了还是金融膨胀了？需要解释。无论怎么解释，这个现象如果长期持续，我们可以制止，货币政策可以制止。你怎么认识这件事情？是去掉还是不去掉？还是怎么缓慢地去？这就是一个挑战。

所以，我觉得对于债务密集度上升这几件事应当给予确认，以后我们的教科书上应该写这些东西，应该写“为什么如此”，我们分两个层面看。

1. *基本层面*

基本层面就是经济的金融化，2017 年的会议有人讲金融化，我们的团队也是长期在研究金融化的问题，我们说金融有几个方面的问题是值得研究的。

一是房地产在经济体系中的地位不断上升。大家知道，房地产经济越来越成为经济的支柱，从金融的角度来说，恶化是期限错配，原来没有 30 年、50 年贷款，中国最初是 8 年贷款，现在有这么长时间。有这么长时间的贷款就有期限错配的问题，金融就必须创造各种各样的工具和手段管理期限错配，金融发现风险，然后创造工具管理这个风险。现在由于房地产市场的进入，整个期限错配，严重恶化，需要大量新的手段管理它，而且直接提高了杠杆率，首付比例之前为零，杠杆率为无穷大，这是在世纪之交的时候。当然，这会使得定量的 GDP 的产出需要更多的金融予以支持。房地产进入市场之后，不仅如此，开始有衍生产品，资产证券化、抵押贷款证券化大行其道，衍生金融工具获得膨胀。更有甚者，在这个基础上还有进一步的延伸，因为证券化有风险，比如我就要创造产品去管理它，信用不够，就开始提升信用、加保险等，我们金融上层建筑就是这么上来的。而实体经济就那么多，就那么一点房地产，现在房地产上面的实体经济也有很多，就提供居住服务而言，我们说它是实体，就这么一点实体，贷款、抵押贷款、证券化，然后还有各种延伸，就为了让这个市场正常运行，这是一个问题。

回过头来观察，几十年来，全世界各国基本上都发生过金融危机，大部分都与房地产市场有关，但是唯有德国这样一些国家很少有房地产市场的研究，原因之一就是德国的房地产市场不发达。

二是无节制的金融创新，加速了金融对实体经济的疏远化。我造了一个词——用金融创造金融。大家想一下，之前有一本书《用商品生产商品》，之前有人在会上问我，你读过《用商品生产商品》吗？我吓出一身冷汗，幸好我读过，在座的我相信很多人都没有读过这本书。这本书说的是实体经济的运行，古典经济学其实讲的是实体经济运行，迄今为止，经济学里面有货币等，只是计量，只是一套实体经济的运行，而金融没有加进来。但是，现在我觉得金融因素就这样进来了，所以我们现在可以用金融商品生产商品，无穷的嵌套、通道，资产管理、加杠杆，用金融创造金融，因此，把金融上升推得很大。

三是市场交易的便利化提高了各类资产的流动性。我们知道货币是按流动性来衡量的，流动性越大，货币性越强，现在市场交易的便利化使几乎所有的商品都有了流动性，也就是都有了货币性、金融性。现在在实验室里，有一个部门叫 FICC，我们把汇率、利率、大宗产品等放在一起来研究，都是金融，都至少是服从金融运行规律的，因为它提供了市场，有了交易便利就有金融性。

四是贫富差距。各位都读过皮凯蒂的《21 世纪资本论》，2018 年 4 月，有一个关于中国的研究，即中国的贫富差距，10% 的人拥有 67% 的财富。现在说市场经济本质上就有这样的倾向，就是财富分配，无论是财富还是收入都是结果，这个结果就构成了金融上层建筑不断膨胀的基础。近年来，多数是专门为富人服务的银行、资管机构、产品等，就是因为收入分配把财富、收入大规模地向少数人集中，那么它就使金融上层建筑不停地膨胀。

金融密集度的提高是一个全面的过程，我不倾向于认为它什么不好，倾向于认为要确认这个事实，用一个理论逻辑去刻画金融密集度不断上升的状况，要以适当的政策予以解决。

2. 国际层面

从国际层面看，少不了美国，大家经常谈论是不是要冲击美元本位和霸权，现在可以看到，美元全面地回归，而且美元在全面攻城略地，比重上升了。这样的东西怎么发行了？原来有黄金计量，现在我们没有黄金计量了，它的矛是什么呢？我的专业是货币基金学，我们研究金融一直觉得货币金融进入不了主流经济学，现在有这样一个通道，债怎么开始，那就由官员决定了，从里根开始，通过美国债务来发货币，发给你，你回头再买美国债，构成了一个以债务为基础、以债务为矛的、以美国债务为矛的货币体系。

老戏不断重演，1981 年美国国债余额 9979 亿美元，1989 年里根离任时为 2. 86 万亿美元。所有这些回溯到里根时代，既要支出，又要减税，钱从哪里来？发债，所以美国政府的支出对税收的依赖在下降。美国怎么协调？一般都是发债，发了你不但要拿，拿了之后还很高兴，这就是货币霸权。现在我们对它们这一套要放到一个债务运营的基础上，现在特朗普还要故技重演，大家看到他前几天在演讲，那么自得意满，后面发了多少债，我们买了它多少债，他攻击的这些国家买了多少债，你说不合理，但是较短时间内难以改变。

这是第一个观察，我们观察债务的时候有一个潜在的前提，就是危机，危机之后可能减了，但是现在看来可能减不了了，税收和死亡是永恒的，但是我想说，税收、死亡和政府债务是永恒的。

二、周期变形、金融周期凸显

2017 年，我们国家很多人在谈周期，我看了一下大多数是鸡同鸭讲，根本不是一回事，对中国来说是长周期造成的趋势，金融周期日益凸显也跟我们刚才说的事情有关。我们说周期与危机联系密切，过去说的危机都是生产过剩危机，现在我们看慢慢地不是了。过去的危机都会反映在价格的剧烈波动上，现在中央银行天天盯着 2% 的通货膨胀，总看不到，于是总不知道该怎么办，过时了，20 世纪 70 年代就过时了，现在又一次过时了，过时就在于物价，以及作为物价基础的实体产品的供求不构成周期的主要因素。这个其实是非常深刻的问题，全面涉及改造经济运行的机制。过去企业倒闭、失业率上升、市场萧条、银行关门等，现在什么都没有，物价也不变，但是金融剧烈波动，所以也可以看出是这个世界变了。

从 20 世纪 70 年代开始，金融创新全面展开，导致金融化、类金融化，经济运行显著受到金融周期的影响。巨大债务的货币源源不断地注入并滞留于金融体系，不仅加大了金融体系对实体经济的便利程度，而且使金融方面的扭曲往往先于实体经济的扭曲发生，所以周期的运行完全改变。之前，比如货币发多了会导致物价上涨、产量上涨，然后过剩。以公共价和产量需求为枢纽的周期运行的格局现在不经过它了，过量的货币信用在实体经济中转化为全面通货膨胀之前，由资产价格高位崩溃带来的金融危机就已爆发。实体经济没有多少变化，但是金融里面是城头变幻大王旗，一会儿这个变，一会儿那个变。

这个影响是全面而深刻的，一是我们驱动全面水平的经济增长需要越来越多的债务；二是债务累积形成资产泡沫；三是对于货币政策、金融监管，乃至金融理论均提出了严峻挑战。宏观金融要改写，宏观金融的政策要重新审定，而且由于较高的债务积累，宏观政策左右掣肘，我们处于很难受的状态。你说危机要减债，减了之后经济马上下来，你说又赶上放水，放水就前功尽弃。就是经济的基础已经发生变化，我们必须有变革的政策予以应对。所以，对货币政策、金融监管、金融理论提出了严峻挑战。

三、去杠杆要顾及全局

认为去杠杆必要，还要去到一定的水平，这是传统的理论，现在讲封闭传统的理论，约束杠杆，可能杠杆率本身不太重要，而掩盖在杠杆率下的若干质量性指标更重要。比如资产质量，杠杆率本身没有问题，就是要杠杆操作，现在的社会就是杠杆操作社会，现在的社会不同于农耕社会就在于它的杠杆操作，我们应该清楚这一点。但是杠杆操作之前要形成资产，如果资产出问题，一切都会崩溃，如果资产不出问题，这个世界很美好。所以，控制资产质量成为防范风险的关键。

如果资产出了问题，这时我们需要用现有资产去冲抵，中国目前正处于这样的阶段。我们需要考虑解决现在最大的杠杆率下掩盖的不良资产问题，需要拿出多少优良资产去冲抵，所以，国家要算一笔账，我们实验室几年前就开始算这笔账，这是去杠杆的一个要求。

另一个就是成本问题，去杠杆到底能解决什么问题？去杠杆以及债务的利息支出，到底是债务本身重要还是利息支出重要？利息支出重要，利息支出构成企业财务成本，所以，企业财务成本的控制问题居于核心地位。我们之前算全社会的利息支出相对于当年全社会 GDP 到底谁多谁少，结论很令人吃惊，就是大家新创造的财富不够利息支出，那么经济就出现问题了，所以降成本。按照这样的分析，你回头看每年都在去杠杆，美国的方法就非常值得借鉴。它让利息支出能够运作，国内分析指出了这一点，宏观杠杆的分析，这其实也是非常重要的事情。当然，中国降成本不只是利息成本，还有其他成本，特别是体制成本，我们称为“破、立、降”，降在这个方面。

时机、节奏、步调、协调问题，我们可以看到，急剧地去杠杆有可能创造一个自我基础，金融是“自行车”，只要动了就没有事，一旦停了谁都有事，所以要让它动，慢慢动，“一刀切”“猛刹车”不行，即便整个去杠杆的过程可控，由于体量庞大、结构复杂、牵扯面广，现实中我们也很难保证不产生系统性蔓延，难免要付出巨大的代价。所以，去杠杆是综合考虑的事情，现在非常好，我们从结构性去杠杆到稳杠杆，稳杠杆就是这个精神。

圆桌论坛

圆桌论坛一

为什么中国金融改革不到位：货币理论

财政金融学院教授、中国社科院学部委员　王国刚

中国金融改革发展不到位，既有实践方面的问题，又有理论方面的问题。关于金融理论不到位，表现在许多方面，引致了很多实践中的误解。我仅举货币理论中几个不到位的例子来进行分析。

第一个例子，从货币功能来看。马克思在《资本论》中将货币定义为五个职能，前四个职能讲的是在一个国家范围内的货币职能，它包括价值尺度、流通手段、支付手段和贮藏手段，把这四个职能放在国际领域考察，就有了第五个职能，即“世界货币”（或者称为国际货币）。但在讲这五个职能时，一些人只是简单地罗列一下，并没有讲清楚它们之间的逻辑关系。实际上，这五个职能不是并列关系，货币最基本的职能是交易手段。从这个角度我们叫它“交易货币”，它包括流通手段和支付手段。要交易当然要计价，价值的尺度是因货币要履行交易职能才发生的，支付手段是从流通手段中衍生的，因此，价值尺度、流通手段、支付手段是围绕交易手段而展开的。与这三个职能相对应的另一个职能（贮藏手段），是在货币退出流通的时候（不履行交易手段时）发生的，因此，贮藏手段是货币的又一种存在形式。这些道理似乎很简单，但是到实践中，情况就不同了。出了什么问题？从 M2 来看，中国的货币供应量中有 M0、M1 和 M2

三个层次，M0是央行发行的在流通中的货币，M0加上机构的活期存款（尤其是企业活期存款）构成了M1，M1加上机构（包括企业）的定期存款，再加上城乡居民储蓄存款、财政存款等构成了M2。如果说M1是用于满足交易的货币，那么，M2与M1的区别在于它包含了“定期存款”。“定期存款”不是交易货币，它相当于贮藏货币（如果一定要界定它的性质，那么，它更类似于金融工具）。但一些人直接把M2和GDP作对比，这就意味着M2都属于交易货币。在此基础上，再强调M2数量增加与通货膨胀之间的关联性。他们在分析中用的是M2数据，但脑中想的却是“交易货币”的事。这样一种理论思维，从西方货币理论史来看，费雪的货币理论以后（到凯恩斯、弗里德曼等），无论是在宏观经济学范畴还是在货币金融学范畴，讲的都是交易货币，贮藏货币不见了。由此形成了一种仅从交易货币角度考虑货币供应的思维方式，这是货币理论不到位的一个重要表现。从中国的具体数字来看，到2017年年底，M1是54万亿元，M2是167万亿元。如果把居民储蓄存款中的活期存款（大约25万亿元）并入交易货币中，M1在80万亿元左右，与82万亿元的GDP相比，也就在1倍左右。但我们理论上没有把这个差别讲清楚，许多经济学家将M2作为交易货币，直接与GDP对比，提出了货币超发或货币迷失的结论。从实践角度来看，货币政策应该重点调控“交易货币”，而不是“交易货币+贮藏货币”。

第二个例子。有人提出，要颠覆金融学（或者货币银行学）的理论框架。不仅要颠覆我们教科书中的原理，而且要颠覆西方几百年所形成的货币银行学原理。要颠覆的是什么呢？教科书中说“存款创造贷款，贷款创造存款”。他们认为这个原理不对，应该只有“贷款创造存款”，不存在“存款创造贷款”。但我们对此没有进行深入、认真的讨论。一些人认为，这种“贷款创造存款”的说法，只是认识视角的不同，与“存款创造贷款，贷款创造存款”并无多少差别。我们且不说，如果“贷款创造存款”

的说法能够成立，将引致多少理论问题（和实践问题），就“存款创造贷款，贷款创造存款”这一原理的实际含义是什么，也许许多人并未深究过。一个简单的流程是，无论是居民还是企业（或任何机构），将钱存入商业银行以后，这笔资金随即被商业银行存入了这家商业银行在中央银行的存款账户上（这体现了中央银行是“银行的银行”的功能）。然后，这家商业银行与某家实体企业签订一个贷款协议（注意：贷款协议只是一个契约，与此对应，“贷款”只是一个手续）。在这个贷款协议中，这家商业银行将贷款1亿元给实体企业，由此，这1亿元资金从哪里来？这1亿元资金实际上是从商业银行在中央银行的存款账户上划到这家实体企业在这家商业银行的存款账户上的。如果商业银行没有在中央银行的存款，又哪来的贷款资金？所以，如果将“存款创造贷款，贷款创造存款”这一流程中的贷款手续舍去，那么，就资金而言，它的表述实际上是“存款创造存款”。

第三个例子是法定存款准备金（法定存款准备金率）理论。这一理论是从西方引进的。西方的法定存款准备金理论是一个只讲了半截话的理论，它认为央行提高法定存款准备金率以后，就将商业银行对应数量的存款收到了中央银行，由此，有着紧缩效应；反过来，央行降低法定存款准备金率，就有了放松银根的效应。但这个流程只走了一半，另一半是“在提高法定准备金率的条件下，央行从商业银行收取的资金干什么去了?”在目前的教科书中没有说清，似乎它们蒸发了。实际上，这些资金通过央行再贷款、购买外汇、购买国债等路径又回到了商业银行体系中，所以，提高法定存款准备金率没有紧缩效应，与此对应，降低法定存款准备金率也没有明显的放松银根效应。一个简单的实例是，2018年前7个月，中国人民银行连续降低了三次法定存款准备金率，但无论是商业银行体系还是金融市场，都没有感到资金明显宽松了，当然对某家具体的商业银行来说，具体情形会有所差别。

如果讲中国金融改革不到位，有一个最简单的问题，即中国的改革开放中“经济改革”的完整表述是什么？是“经济体制改革”，这是改革的总方向。按照小平同志讲的叫“过河”，按照我们的理论表述叫“市场化”。由此看来，今天中国的经济体制已经实现了“市场经济体制”，似乎不需要继续改革了。从党的十八届三中全会的“决定”看，这方面还有许多问题需要解决，“改革到了深水区”，也就意味着体制改革问题并没有完全解决，与此对应，金融体制改革也还没有完全到位。

市场经济的要点有三：一是法治，即所有的事按照法律规定办。无论是监管部门还是市场参与者或是社会评价，都依法办事，而不是按照权力大小裁量。二是信息透明。信息透明是市场经济的要义，没有透明化就没有“公开、公平、公正”。三是在这两个要点的基础上才有了市场的核心问题，称为“交易”。任何市场的核心都是交易，交易的核心当然是价格。但如果没有前面两个条件，市场交易难免会被扭曲。

圆桌论坛二

对金融发展支持企业创新产出的理解

汉青经济与金融高级研究院院长、教授　汪昌云

改革开放40年来，中国金融从小到大、从弱到强，从量的角度来看，我国可以称得上金融大国。我国的金融创新发展也很快，金融创新尤其金融产品和业务创新每天都在发生，而且有时候我们明显感觉到创新过度了。金融领域创新了很多业务或产品，最终我们发现，都在金融圈内自己跟自己玩儿，跟外界没有什么关系，所以，我们发现很多资金是在金融体系内转来转去。从这个角度来看，创新是不是不足呢，我认为相对于我们经济发展阶段来讲，有些创新可能已经足够了。

今天我想分享的观点与吴校长的主旨演讲有些关系，吴校长对中国金融体系一直有一个观点，就是资本市场发展不足，要继续大力发展资本市场。我国现有的银行主导的金融体系有缺陷，但缺陷是什么？严重程度有多大呢？这个问题我思考了很多年，也作了一些微观的、公司层面的实证分析和研究，得出的主要结论是：我国现有的金融体系难以担当创新驱动、完成经济结构转型的重任。

从结构上划分，金融体系大致可以分为两类：一类是银行主导型金融体系；另一类是市场主导型金融体系。我国是典型的银行主导型金融体系。不同类型的金融体系在支持创新上有何不同呢？我们分析了2007年以

来的上市公司层面专利数量数据（创新产出）、R&D 投入数据以及省级金融数据，以省、市、自治区的股票市场规模、银行业规模和银行业市场化程度三个维度指标衡量地区金融发展水平，分析股票市场发育程度和银行业发展对公司层面创新投入和创新产出的影响。有三点发现：首先，尽管金融发展总体上有利于促进公司层面技术创新，但是地区股票市场的发育程度对创新的正面影响远高于银行业发展程度对公司层面创新的影响，这种差异尤其表现在对创新含量较高的激进型创新上；其次，从缓解公司内外部投资者之间信息不对称和降低融资成本的角度来看，股票市场的发展最有利于外部融资约束型企业和高科技行业上市公司的科技创新；最后，在知识产权保护比较完备的省、市、自治区，股票市场发育程度对公司层面创新产出和创新投入的正面影响作用更强，表明知识产权保护对企业创新具有重要影响。

资本市场的发展相对于银行业的扩张对创新更加具有促进作用的原因有三个：第一，资本市场具有优良的风险再配置功能，引导投资者将资产配置到高风险、高收益的项目，为创新性项目提供融资支持。第二，资本市场能够对资产提供及时、合理的定价。现实世界中关于创新性项目前景的信息或者很稀少，或者很难处理，导致了投资者观点差异化，投资者很难对创新性项目进行有效评估，而资本市场通过竞争和交易能够对资产提供及时、合理的定价，投资者能够从均衡的市场价格中提取有效信息。第三，有限责任使得投资者可以分享公司的回报，而且股权融资没有抵押品要求，因此，股权融资可以优化公司资本结构，而且不会增加公司陷入财务危机的风险。

经济结构转型的成功与否关系到我国能否从一个经济大国变成一个经济强国，而经济结构能否成功转型在很大程度上取决于能否真正将我国建成科技创新大国、强国。推动科技创新需要金融的支持，我们的银行主导型金融体系急需重构，需要大力发展资本市场。

与前述问题相关，我想表达的第二个观点是，房地产价值上升通过抵押品渠道严重扭曲了企业内部资源配置，阻碍了公司层面的创新投入和产出，掏空了我国的实体经济和企业的创新能力。我们分析了 2003 年以来沪、深两市的上市公司数据（剔除了金融类和房地产类上市公司），发现以下三个典型事实：第一，房地产价格上升与银行资产扩张如鱼得水，相得益彰。通过房地产抵押品价值渠道，房地产价格泡沫促进了公司层面的投资水平，但这主要是通过增加杠杆完成的。企业加杠杆的过程就是银行资产负债表扩张的过程。我们发现，房地产抵押品价值每上升 1 元，一家代表性上市公司的投资平均增加 5 分；一个标准差的房地产抵押品价值上升，导致上市公司杠杆率平均上升 3 个百分点。第二，房地产价格长期上升的预期扭曲了公司层面的内部资源配置。抵押品价值上升带来的投资增加除全部用于增加房地产投资外，还显著挤占了公司非房地产部门投资，包括研发投资。我们发现，抵押品价值每上升 1 元，一家典型上市公司的房地产相关的投资增加额高达 9 分，而非房地产部门的投资却下降了 6 分。房地产升值的资源重配效应，导致公司将更多的资金投向房地产，进而挤占了对其他部门的投资。如果我们将与房地产无关的部门理解成企业的主业，这意味着企业严重偏离了公司主业去从事房地产投资。第三，在房地产价格上升更加猛烈的省、市、自治区，或者房地产供给弹性较小的省、市、自治区，前述的抵押品价值上升挤压公司主业发展、掏空上市公司的情况较那些房地产价格上升较为温和或者房地产供给弹性大的省市更为严重。

房地产抵押品升值导致公司进行内部资源重新配置，将资源从非房地产部门向房地产部门显著转移。从宏观层面来看，这种资源再配置会导致产业空心化、经济房地产化，掏空了企业的创新动力和能力，是我国经济结构转型的又一大拖累。

与大家分享关于严重阻碍科技创新、拖累我国经济结构转型的两大核心问题：一是银行主导的金融体系不足以支持创新；二是房地产价格泡沫扭曲企业层面的资源配置，阻碍了创新投入和产出，掏空了实体经济。希望在学界和政策层面引起重视、达成共识并形成合力，采取切实有效的措施推动我国经济结构转型。

圆桌论坛三

金融学的发展

武汉大学经济与管理学院院长、教授　宋敏

早期我们疑虑，用在海外学到的金融学理论看中国的问题，是不是符合基本的金融学或者经济学的基本规则。后来发现，还是适合中国体制的，也就是说，中国金融虽有它的市场规则，但这个规则是相通的，这是无可争议的，虽有一些特殊因素，如政治因素、大的环境等，但是它的基本规则是一样的，否则我们很难拿西方的一套金融理论研究中国问题，所以早期我们主要是这样做的。

从中国的问题可以抽象到一般性，就是反哺到经济学一般的发展。其实，国外主流杂志也意识到了这个问题，中国的很多问题看起来是特殊性问题，但是从特殊性问题里可以抽象出一般性问题，对金融学的发展有很大的推动作用。我觉得这个方向大有可为，希望年轻学者未来有所突破。

刚才吴校长提到大国金融的概念，大国金融就是不一样的，不是其他小国思考的问题，人民币国际化是我们思考的问题，不是美国、欧洲的学科思考的问题，他们想都不会想，但是我们必须要这么做，思考了以后，对国际货币体系，对国际金融治理、监管，到底有什么冲击？这都是很一般性的、对人类社会发展是很有作用的问题。

中国的金融学还有西方国家没有看到的，我们叫互联网金融或者叫数字金融、智慧金融，这都是新型的金融创新业态。这方面中国应该说与西方发展站在了同一起跑线上，甚至是超前的，这为我们中国学者提供了很好的机会。我们也可以为世界金融学提供我们的视角，所以这一块是非常重要的。

另外，金融学科应该有更多的互相之间的整合，所以刚才说吴校长厉害，能够把人民大学这么多金融学科整合在一起开会，这很了不起，在其他地方很难，如果能够在一起做这件事情，一定会产生很大的作用。

所以，我觉得金融学已经有很大的泛金融化趋势，金融有一点像农业经济体的感觉，任何领域都有金融，包括军事、国防都有金融，觉得这是非常好的，如何才能整合在一起？我这边也代表武汉大学，将来有机会，金融学科是可以整合在我们学院的，我希望有更多的合作机会。

中国金融应该怎么走，最后我想用四句话概括：金融要市场化，真正做到市场化；监管要法制化；开放要全面化，不仅对国际开放，对国内也要开放；创新要科技化，创新不能搞监管套利，不能搞投机倒把的事情，要通过科技手段创新。

圆桌论坛四

金融学科的发展与科技进步

财政金融学院教授　刘振亚

一、互联网与金融

这个问题已经讨论很久了。20 年前，在金融证券研究所，我跟吴晓求教授、赵锡军教授和瞿强教授，就探讨过这个问题。互联网对于交易本身产生了很大的影响。人类的交易过程涉及三个方面：物流、货币流和信息流。其中，互联网对信息流的影响很大。互联网对不同行业有着不同的影响：首先，它对仅有信息流的行业影响最大，如媒体、出版、通信；其次，是对“货币流 + 信息流”行业的影响，如银行、证券、投资；最后，是对涉及物流和货币流、信息流行业的影响。从过去 20 年的发展来看，这些影响都在起作用，全球现在主要正处在第二个阶段，就是受“货币流 + 信息流”的影响。

分享一些本人的亲身经历，我在 2015 年夏天到中国人民大学上暑期课程，上完课回到法国家中休息了一个多月，等到 10 月初回到伯明翰的时候，我很惊诧，我家附近的 high street 三家银行分支机构全部关闭了，当时英国不像中国，可以用手机支付，我找不到银行，取不了现金。互联网对传统金融的影响可见一斑。

另外，2008 年以来国际大投行已经裁员 60 万人，在大投行里，最多的并不是学金融的，而是学IT的。所以，未来，我们金融培养方案中是否加一些IT的课程？目标是要培养什么样的人才？这些问题都是我们在进行教学改革时，需要去思考的。

2008年国际金融危机以来，全球大行累计公布裁员人数已有约60万人。有人预计，在科技变革的冲击下，未来10年金融业的员工和分支机构最多可能减少50%。

2015年3月，富国银行宣布将裁减员工1000人；5月，摩根大通宣布次年将裁减员工5000人；6月，汇丰银行也宣布全球重整计划，裁减员工5万人；7月，美国银行宣布第二季度裁减近3000人；中国香港的渣打集团也将裁减250个高层职位。

2015年10月末，德意志银行宣布，在2018年以前将裁员约2.6万人。

2015年11月，意大利联合信贷银行决定将裁员1.82万人。该银行在全球17个国家雇用了14.66万名员工。

2015年12月，此前已裁员约1/3的花旗银行公布，计划2016年至少裁员2000人；摩根士丹利启动为数1200人的全球范围裁员；荷兰合作银行表示，计划在2016—2018年裁员9000人。

2015年9月30日，苏格兰皇家银行的裁撤人数占员工总数的53%。

英国《金融时报》此前分析称，2015年11家欧美大型银行共削减了10万个银行岗位，相当于这些银行员工总数的10%。

2015年11月末，巴克莱前CEO安东尼·詹金斯表示，未来10年金融业的员工和分支机构最多可能减少50%，即使情况没有那么严峻，至少也会削减20%。

詹金斯警告，未来10年，多达半数的银行岗位将被正在崛起的金融技术初创技术公司所取代，因为这些公司能够以更聪明、更便宜，甚至更快的方式为客户提供支付、借贷和投资等服务。

第一个要思考的问题就是，在当前，科技对金融有什么影响？这种影响有多大？尤其在当前，科技进步已经革命性地改变了信息流。

二、金融与数学

牛顿体系的数学——微积分，那是三四百年前的事情了。一百多年以来，爱因斯坦体系的数学基础——随机分析，已经变得非常重要了。我们有很多从国外回来的年轻教师，他们肯定学了很多这方面的知识。这里我想说的是，金融是最早使用随机分析的学科，实际上，最早使用随机分析的不是爱因斯坦，他是在1904年提出来的，而Louis Bachelier在1900年就将随机分析用在了股价的研究中，要比爱因斯坦将其用到物理上还要早4年。

我主要是做对冲基金研究的。对冲基金做得最好的不是索罗斯，也不是我们讲的巴菲特，而是西蒙斯，他领导的Renaissance的收益比巴菲特的收益好得多。西蒙斯本身就是数学家，而且Renaissance的元老也都是数学家。

2010年，我将全球最大的期货对冲基金Winton Capital引入中国，它的创始人曾表示，坚决不要华尔街学金融的。

我们需要思考的第二个问题就是，金融学科的发展，尤其是应用金融学的发展，是不是要强调数学的重要性？比如把泛函分析、基于测度论的概率理论、随机过程等都加入培养方案中。

三、有关投资的思考

我本身在学界、业界的感受，就是投资问题实际上是理论、方法和技术的交叉点，并不是所有人都可以做投资。最先进的理论你不用，一定有他人用；最先进的技术你不用，一定有他人用；最先进的方法你不用，一定有他人用。你用了先进的理论、方法和工具，在市场上马上就能够赚到钱。市场是最快验证你的理论、方法、技术的地方。

金融本身就是高科技。几乎所有成功的对冲基金都在采用高科技。

Winton Capital 的人均产值是 1 亿元，难道 Winton Capital 不是高科技公司吗？中国现在遇到的问题是芯片问题，未来 10 年、20 年我们遇到的将会是金融业的核心技术问题。现在的证券、银行、保险、基金等，都还是劳动密集型产业。

我思考的第三个问题是，中国什么时候可以出现像 Winton Capital 这样的金融高科技公司？

四、有关财政金融学院的思考

财政金融学院的前辈黄达教授、陈共教授、王传伦教授和王景新教授等，在 1986 年开创了中国的金融电算化、财税电算化、会计电算化学科，他们的高瞻远瞩和追求科技的精神很值得我们学习。

黄达教授和邹致庄教授创建的福特班（最早在人民大学，后来在复旦大学），为世界经济金融研究培养了大量杰出人才。很多福特班学生现在已成为国际一流大学（耶鲁大学、康奈尔大学等）的教授。

由于历史的原因，金融工程一直是财政金融学院的弱项，因此，我建议成立金融工程系或数理金融系，积极吸收国际人才，加强对现代金融理论（尤其是方法）的研究。基于我在国内外大学和国际投行的亲身经历，建立一个世界一流的数理金融（或金融工程）系，是人民大学财政金融学院迅速提升国际声誉的关键所在。我愿为此贡献绵薄之力。

我的第四个思考就是，2018 年北大毕业的博士已到 LSE 任职，人大毕业的博士什么时候能到国外的大学做讲师、做教授？

圆桌论坛五

对企业金融的认识与研究

商学院副院长、教授　宋华

今天大家都在谈金融创新的话题，大量中小企业缺资金。大家知道2017 年 10 月 13 日颁布了 84 号文《国务院办公厅关于积极推进供应链创新与应用的指导意见》，谈到让资金回归到实体经济。2018 年 6 月 25 日，人民银行、银保监会发布了一份关于扶持小微企业融资难问题的文件，8 月 20 日，中央办公厅政策文件里也谈到了这个问题。关键是这个问题的解决并不容易，如世界银行和 APEC 工商理事会在天津开会，会上我们还在讨论这个问题，因为大家知道，中国的 GDP 是 80 多万亿元，我国资产总量应该是 GDP 的不到 7 倍，在这么大的资产总量当中，75% 都涉及动产。

人民币和外币的贷款余额应该是 138 万亿元，其中 40% 涉及动产和担保话题，但问题的关键是，这么大的动产总量为什么没有被释放出来。其中一个很重要的原因，就是今天吴校长所讲的信息不对称、不透明的问题。

大家观察我们实业界发生的事，2012 年上海钢贸案，紧接着青岛港事件，然后是广东纸浆案，之后是 2017 年中兴通讯案。2018 年爆发了两起案件，3 月爆发了大连机床案，大连机床骗了中江信托 7.6 亿元；紧接着，又爆出金银岛事件，对九州信托和证券的 3 亿元无法进行兑付，这就是

2018年中国爆出来的大案。

这里，我想讲几个观点。我们在研究企业金融的时候，一定要先弄懂金融，如果我们还是停留在对保理、反保、福费廷品、动产抵押等方面进行研究，实际上对中国今天的状态是很不适合的。这里涉及我们如何从产业角度研究我国中小企业的资金问题、融资问题，这涉及两个维度。

第一个维度，我们怎么看整个供应链结构、网络结构对资金需求和资金风险管理的影响。2018年8月后，欧洲供应链金融协会打电话问过我这个问题，说中国的供应链金融和欧洲的供应链金融有什么不一样？第一是起点不一样，因为欧洲供应链金融里面大部分是金融机构主导，但中国不是，中国是产业企业结合金融机构来主导，这个在我们国家占了大头。这里涉及一个问题，我国产业和企业的网络结构，它们之间和金融机构的关系，以及它和各个利益相关方的关系对资金的风险管理产生了什么样的作用，这实际上是我们需要去研究的一个话题。

第二个维度，财务的视角。我们原来讲到资金效率，财务指标里讲到CCC，也就是我们所说的应收账款天数加上库存周转的天数减去应付账款的天数，但是CCC没有办法研究我国企业的资金状况和风险管理。大家可以想象，我们经常讲戴尔的供应链做得好，因为它的资金效率是-41天CCC。这是什么意思？就是说它有巨大的应付账款，你的应付账款就是人家的应收，这就是以邻为壑。最近我在研究中提出了CCCC（协同现金流量周期），我们要看到，在总的供应链过程中间发生的应收应付，从社会效益来讲没有提高，它反而是负的，所以我们要把整合供应链的财务弄清楚，把整体效益弄清楚。这说明什么？说明我们理论界可以研究的供应链的业务和风险管理是很广阔的。

昨天我在江苏谈到了端对端的供应链金融，从寻源到协议、采购、开票、核实、支付，整个过程有大量的金融业务产生和风险管理的理论，这里有很多理论是空白的，比如今天我们仍然集中在保理等方面的研究，但是我们没有在动态折扣上做研究。

最后，我想谈一下金融科技。金融科技到底如何应用于供应链场景当中，这值得我们研究，因为最近无论是实业界还是理论界，被金融科技这个词甚嚣尘上所蛊惑，人人都讲区块链，但其实大多数人对区块链的理解都是不准确的。所以，我们的理论界真要做研究，在金融场景、应用场景下，我们的金融科技到底如何发展，这恐怕是我们将来需要考虑的问题。

圆桌论坛六

现代专业化和职业化的风险管理

财政金融学院教授　陈忠阳

一、风险思维的重要性

要深刻理解金融杠杆和当前我国去杠杆的困境，就必须理解风险。我曾跟学生讨论过杠杆的问题，考虑到金融学科里谈论的杠杆概念应该源自物理学，我让学生们对物理学杠杆和金融学杠杆的区别进行分析，并画出物理学和金融学中的杠杆对比图。他们的作品中画了杠杆的支点、结构等，但少画了一个关键要素。大家容易想到从力矩比例带来物理杠杆效应和融资结构带来以小博大的金融杠杆之间的相似性，却容易忽略杠杆作用发生的重要前提条件，物理上是重力环境，只有在重力环境下才有杠杆现象和问题，显然在太空是不存在杠杆效应的，重力环境扭曲也必然影响到杠杆效应。同理，经济体系中金融杠杆发生作用的前提条件是风险环境，无风险环境下也没有金融杠杆问题，只有在风险环境中，才有金融中的杠杆问题，而风险环境的扭曲也必然带来扭曲的杠杆问题。由此可见，在经济和金融学中，这个相当于物理学中的重力因素就是我们所关注的风险因素。

过去和当前我们面临的杠杆和去杠杆问题，从根本上讲是经济体系中风险环境被严重扭曲所致。比如，金融机构和国有企业缺乏有效的破产制度导致资本对风险承担的软约束，大量政府融资和担保导致风险向政府过度聚集，银行严重依赖抵（质）押的惰性风险管理，以及持续高房价诱导大量房地产抵押贷款并形成对金融风险的过度担保，还有国有金融机构主要领导任期制导致的短期行为和风险偏好异化以及战略风险管理缺位等，这些都扭曲了市场经济体系中正常的风险承担、传递和化解机制。

现存的风险环境被扭曲的情况，很多是因为由计划经济到市场经济渐进式转型中产生的问题，不用现代专业的风险管理语言思维和工具方法分析及应对这些风险环境问题，我们面临的杠杆难题将无解。希望中国金融风险管理学科发展能够为国家的攻坚克难、打赢三大攻坚战助一臂之力。

二、风险管理方面通俗语言和专业语言交织的问题

通俗语言与专业语言在现实中的交织应用给业界和学界在金融以及风险管理问题方面的思考、交流和决策都带来了很大的困扰。

其中，通俗语言典型的用法包括防范风险、化解风险、抵御风险、抗风险、风险点、风险隐患、风险处置、风险形成、风险积累、风险扩散和传染、风险叠加和交织、风险释放、风险资产、风险机构等。专业风险语言包括管理风险、对冲风险、多样化分散风险、配置风险、计量风险、风险评级、风险定价、风险转移、交易对手风险、补偿风险、风险拨备（准备）、风险资本（经济资本）、风险加权资产、在险价值（Value at Risk，VaR，常被错误翻译为风险价值）、风险溢价（这是真正的风险价值）、风险调整资本回报（RAROC）等。

可以看出，通俗风险语言和专业风险语言的用词都很丰富，这反映了无论采用哪种语言和思维模式，我们对风险和风险管理都是非常重视的。但是，通俗语言和专业风险语言的区别还是很明显的，也很有必要让大家清楚地认识到。这主要在于两个方面：一是通俗语言对风险的理解往往偏于事后，多数情况下是损失、问题或危机的代名词，而现代专业风险语言

所指的风险是损失和问题发生以前的状态，风险管理具有明确的事前特征。二是通俗风险语言尽管表达形式丰富，但缺乏具体、专属和可操作的内涵，尤其是缺乏相应的实施工具和方法，更没有系统、科学的理论支持，而现代风险管理与此形成鲜明的对比。上述专业语言中提及的各个概念都对应着系统的理论体系和具体的实施工具方法，像与风险分散和风险对冲有关的理论曾获得过诺贝尔奖，而风险计量、定价和配置的一些工具和方法已经系统化和 IT 化，二三十年前就开始在市场上以咨询服务和 IT 系统的方式出售，是金融科技在金融机构最早、最系统和最复杂的应用，主要是在中台管理部门，一点也不亚于当下热议的所谓网贷和大数据的 FinTech。当然，即便是这些热议的 FinTech，从本质上讲也是现代风险科技在业务前端尤其是在零售金融领域的应用。显然，中国金融风险管理学科的发展应该适应和促进这些专业语言、专业思维、专业方法的发展和传播。

三、现代风险管理发展面临的困境

现代风险管理从 20 世纪五六十年代的风险分散化组合管理和资产配置起步，到七八十年代金融衍生产品和风险转移技术的爆炸式发展，再到 90 年代发展到信用风险领域，出现信用衍生产品和信用风险转移以及经济资本配置管理，最后遭遇 2008 年国际金融危机的打击，显示出现代金融风险管理发展陷入了困境，主要有六个方面：一是资本管理和资本监管的有效性问题，大家觉得资本监管没有用、巴塞尔协议没有用、资本水平也不够高。二是风险量化发展和模型的可靠性，模型有风险。三是风险转移和衍生产品的作用，大家觉得衍生产品是杀手，衍生产品加大了风险体系的关联度，加大了系统性风险。四是信息不对称和道德风险。五是长期的战略风险，现代风险计量和转移解决不了战略问题。六是系统性风险管理，系统性风险得不到有效的解决。

在讨论风险管理面临的困难和挑战的同时，也要认识到现代风险管理本身实际上就是因各种困难和挑战而生，也是在各种困难和挑战中发展起来的，无论是过去还是未来，风险管理的发展并不意味着困难和挑战的消除，可能只是换一些形式和内容罢了，这也正是风险管理发展的一个重要特点。风险管理面临的困境反映了风险管理的挑战性。风险管理被著名投资家和金融学者伯恩斯坦形象地描述为“与天对弈”（Game against Gods）。现代风险管理本身就是在困难和挑战中发展起来的，而且将继续下去。资本管理和资本监管作为现代金融风险管理的主流思想和方法体系目前无可替代，风险量化、风险转移乃至风险配置仍然会继续发展下去。当然，风险管理由个体到整个系统，由单因子到多因子，由简单到复杂，由流程到决策，由定性到定量再到两者结合，由业务到中台再到两者融合，由日常管理到战略管理，这也是上述风险管理困境使然，是目前风险管理突破困境和继续发展的主要方向。

四、在金融学科发展和金融风险管理学科建设方面的探索

一是现代金融实践已经表明，风险是金融的核心内容，风险管理是金融机构的核心竞争力，我们应该从金融学科发展的角度提升对金融和风险管理的认识。我支持这样的观点，即金融的本质就是经济体系的风险配置和管理，资金融通只是其表象和形式。对经济发展的风险环境和金融风险的分析是我们当前理解包括去杠杆、强监管、守底线等重大现实经济金融政策和实践问题的重要视角和新的思维模式。我国当前经济和金融的发展形势也显示出，守底线需要机制化和专业化的风险管理，以突破“一放就乱，一管就死”的传统困境，这也急需现代金融风险管理学科发展的支持。

二是加强风险管理相关课程甚至专业方向的建设是我国当前金融学科发展的当务之急。在此，呼吁我国高校加强金融风险管理学科培育和发

展，以此来推动风险专业语言和方法的传播和发展，提高现代金融管理的有效性。

三是现代金融风险管理涉及但不等于金融工程、金融数学和统计等课程或专业方向。人民大学苏州校区国际学院2013年以来开展了金融风险管理方向专业硕士和博士研究生项目的学科建设探索，邀请了近百位国内外一流业界专家建立了全球顾问委员会（GAB）。据我目前的了解，该学科建设项目可以说是将国内外金融行业发展了二三十年的现代金融风险管理前沿理论、方法和技术首次系统纳入中国高等教育体系。5年来，我们对金融风险管理学科知识体系、师资队伍、教学方法和培养模式开展了全方位探索。尽管目前看来也远不能说成熟和完善，但从积极探索的角度，以及教、学和用（就业）的初步效果来看，应该说总体上是成功的，可以成为兄弟院校的借鉴。

学术报告

学术报告一

科学家独董能够发挥监督职能吗

财政金融学院教授　许荣

公司金融分两块：一块讲故事；另一块讲技术。今天，我尽可能把故事这块多讲一点，请评论嘉宾作点评。

首先，为什么关注科学家独董问题，这是一系列研究中衍生的产品，我们已经做了两篇论文。最近大家关注最多的问题有两个：一是中美贸易摩擦，中美贸易摩擦期间发生了中兴芯片事件，大家发现原来科技创新对我们国家经济发展来说那么重要；二是大家看微信朋友圈，在刷张小平事件时，大家发现一个基层的研究人员有可能在“某种程度”上影响到中国登月工程的实现。我们发现，科技创新对经济发展如此重要，而对于科技创新，最重要的是什么？不一定是传统金融中大家关注那么多的资金问题，而是顶尖人才的问题。

在中国，最顶尖的有创新能力的创新人才是什么，我们自然而然地想到的是院士，我们首先研究院士是怎么产生的，院士产生之后他们对中国的经济资源的配置有什么样的影响，这个结果 2018 年 6 月已经发表出来了。

2018 年我们又做了研究，我们想看院士有多重要。如果这家公司和院士有联结，我们传统上关注的是政治联结、老乡联结、校友联结，我们关注这样一些联结对公司的影响。第二个研究里面我们创立了一个新的联结，就是院士联结，就是和顶尖的科学家，不仅是院士，还有院士的候选人，只要和他们有联结，我们发现这对公司的创新影响是显著的，这个研究已经完成了。

在这个研究过程中，我们发现了一个衍生产品，就是在我们研究样本过程中有一类独特的样本，这家上市公司会聘请院士或者院士候选人等顶尖的科学家担任独立董事，而且是非常普遍的。像京东方、青岛海尔，这样的样本一共有多少？一共有589家公司—席位，一共涉及358个院士或院士候选人，分布在462家上市公司，也就是2017年的时候，占上市公司的比重将近15%。

于是，我们就有这样一个问题：上市公司宣传科学家独董做什么呢？一般宣传对于公司创新有重大作用，在技术咨询、项目上马、技术创新过程中有重要作用，如果我们发现这些科学家对公司创新、对公司的投资效益改进有影响，这好像是符合的，但是这些科学家被聘请担任的是什么职位？独立董事。这个独董的职位最主要应该是有针对性地去解决治理问题，也就是他首先站在股东层面监督管理层，其次他应该站在中小股东的利益上维护中小股东，他首要的职能不是咨询，这是我们在前面两个研究的基础之上发现的，论文还没有弄完，所以目前还是非常初期的一个产品。

我们提出这个问题，就是这些独立董事具有顶尖的技术水平，他是不是只发挥了咨询职能而没有发挥监督职能，还是他这两个职能都发挥了，这个问题比较重要。往大了说，如果我们做出来有一定的结果，可以帮助我们更好地理解或者改进独董制度；往小了说，如果这些科学家没有很好地履行监督职能，只是做咨询的事情，公司可以改一个头衔，做首席科学顾问或者首席技术官，没有必要请他们做独董，这还是挺有意思的。

我们反过来看文献，我们发现文献当中对这个问题有关注，但是以往的文献基本上“一边倒”，就是认为这两个职能之间存在冲突和权衡。如果发挥监督职能，这是外部独董的事，如果发挥咨询职能，这主要是内部的事，因为对公司更熟悉。而且在公司模型当中，普遍认为这个定位相互冲突、此消彼长，而且是“一边倒”。

我们认为这个问题能讲故事，如果这个科学家、独董能够发挥监督职能，他可以在哪些领域发挥呢？我们想，可能更主要是在过度投资领域，这个投资项目到底是建还是不建，建设多大的规模，他可能是最有发言权的，所以我们就选择了科学家独立董事。下面我们看看独董对过度投资的影响。

从已有文献来看，我们这个研究大概处于文献当中的什么位置呢？最早期的文献大家都知道，主要研究独董的数目占比，接下来就是研究独立董事自己具有一些独特的属性，如性别、政治联结、金融、法律、学术甚至军事层面的经验。2012 年前后开始研究独董异质性，一个重要的领域就是研究独董具备行业经验对这个公司有什么影响，我们有一些文献，不再赘述。

2018 年清华大学发了一篇论文，把行业经验又进一步细分了，他说独立董事如果具备 CEO 的任职经历，会不会更好地发挥监督职能呢？在我目前报告的研究中，我们在贡献上最好的匹配文献就是 CEO 的任职经历。那篇文献的结论有三个：如果独董具有 CEO 的任职经历，能够更好地影响公司的绩效提升；如果独董任职 CEO 的公司所处的行业和他现在担任独董的这个行业略有接近，效率会更明显；这个独董担任 CEO 的时候业绩越好，他担任独董的效用就越明显。

我们得出的结论正好与这个一一对照，首先我们发现，如果你是科学家董事，你在减少或者缓解过度投资问题上，就更能发挥作用。我们研究发现，对于院士、院士候选人独董，首先要知道他的研究方向，如果研究方向和担任这家独立董事的上市公司主营方向一致，影响会更明显。另外，如果这个独董的效果明显，那么这个 CEO 经营公司成功。我们发现，如果这个科学家研究成果很好，很多学者都知道，看看 H 指数，如果发表得越好，这个效果就越明显。从我们文献研究的贡献来看，与这个结论也是对照的，都是对行业进行深入的区分。

再具体一点说，我们具体的贡献表现在什么地方，原来的文献判断独立董事是否具备行业经验，主要有两个方法：一是看独立董事曾经的工作经历或者学位位置；二是根据董事曾经任职公司的行业分析与现任公司进行匹配。这两个方法是已有文献通行的，但是有两个问题：第一，他只能度量经验没有办法度量的技术专长。如果我在当一个办公室主任，我可能对公司的生产有很多的了解，但是我们直接研究技术成果，所以我们能够克服第一个局限，准确度量技术专长。第二，你是有行业经验或者没有行业经验，我通过所有的科学家发表这一公开信息，我们可以通过人工收集资料阅读的方式，判断哪个水平更高、哪个水平更低，希望把变量更加地细化、量化。

这是我们刚才做的两个实质性的贡献，关于 H 指数，这在我们 2019 年发表的论文中有一个详细的介绍，就是看这个学者的影响，如果你发表了 100 篇论文，可能不一定表明你有很大的影响力。比如你有 10 篇论文，每篇论文的引用率都大于 50%，那么你的 H 指数就是 10，我们用这个度量科学家独董技术水平的高低。

技术上我们是怎么处理的呢？如果有科学家独董，对缓解企业过度投资会更好一些。第一，科学家研究方向与企业方向一致；第二，科学技术水平越高，这个效率越强，所以我们作了三个假设，由于时间关系，样本暂不介绍。

介绍一下结果。我们对过度投资的估计，这不是我们的贡献，我们只是看已有的文献，并且我们有几个不同的度量方式，把增长率等作为不同的度量。

报告一下控制变量，我们同时控制了时间效应、年度固定效应，以及企业层面的个体效应，这等于我们已经控制了时间趋势。另外，根据实践，我们也找到了个体的异质性。第一行比较显著，科学家独董确实缓解了过度投资。我们把科学家的变量一分为二，一部分科学家能发挥作用，另一部分不能发挥作用。谁能发挥作用呢？就是专业联结一致的，就是专业研究方面和公司生产方面一致的。

如果这个科学家独董在董事会中，在细分的如在薪酬委员会等下述委员会任职，作用更强吗？我们发现这个结果是显著的，如果在专业委员会任职和不任职两个有差距。如果这个科学家同时兼任政府官员，他职能的发挥就会更大。如果这个独董很忙，他在很多家公司都兼任独董，等于我们的补充检验。

以下是我们做实证研究最关键的地方，就是我们怎么控制内生性，我们采取了四种方法。

第一，做了选择模型。看独董跟企业有选择效应，我们做了两阶段的选择方法，主要的工具变量是什么？就是用这家公司所在行业上一年度聘任科学家独董的比例作为第一阶段回归的工具变量，控制住之后，第二阶段变量也是显著的。

第二，我们费尽心思尝试找一个工具变量法。我们尝试用公司聘用科学家的前一年或者在他没有被聘任之前根据前几年的研发水平，什么样的公司会聘任院士、科学家担任独董呢？肯定是企业创新比较强，或者原本创新基础工作做得比较好的公司，更有可能招聘更多的企业家担任独董。一般来说，不会影响你过度投资的多少，所以，我们以此前年份的创新作为工具变量来做，做出来的效果也是显著的。

第三，更换主要变量的方式，采取其他方式来度量，不再用民意变量度量，而是用所占的比例，也就是用科学家独董占总的董事席位的比例来度量。

第四，安慰剂检验。科学家独董是不是提高了效率呢？我选择同样的上市公司聘任其他一些科学家，没有担任独董的席位，而是担任除了独董之外的其他席位，如 CEO、CTO、首席技术顾问、首席财务官等，只要有院士联结，这是让我们研究信心最强的稳定性检验，这个效应确实是因为这些科学家独董，因为它占有这个职位造成的，而不仅仅因为他是一个科学家造成的。

嘉宾点评 1：科学家独董与过度投资

商学院助理教授　陈俊

这篇文章的题目是研究问题，具体的研究问题许老师讲了很多，就是科学家独董这样的公司他们过度投资会不会更少。

许老师的主要研究结论就是由这些两院院士和候选人担任独董的公司确实过度投资更少，附带的结论还有另外两个，就是学术专长和行业匹配的话，他们公司的过度投资会更少一些，可以观测到独董的专长和公司的行业进行匹配。机制方面，他们发现主要跟信息渠道应该也有一个代理的作用，减少这个代理的成本。实证方法主要是通过假设检验，线性回归里面，因变量是投资支出的残差，选择的方法也是文献里面比较常用的度量过度投资的方法，主要的解释变量是独董周边是否有院士或者院士候选人。最后在他们文章中也进行了一系列的文件性检验，包括用 Heckman 控制样本偏差，构建另两个过度投资的指标。

贡献方面，我觉得许老师的论述主要有：

第一，它的研究问题非常有意义，因为独董制度在中国的历史相对比较短，这个制度在中国的具体实践能够提出问题，然后度量它们在中国能否提高中国的公司治理水平。

第二，还有一些其他亮点，如数据方面，能够收集到院士和院士候选人，将院士的名单和具体的公司匹配起来，还能够进一步了解院士的学术发表水平，特别是影响力方面的 H 指数。

第三，取得了非常令人鼓舞的成果，尤其是支持假设的证据，最终我觉得许老师的研究对政策制定也应该有一定的意义，特别是能够加深我们对独董制度在中国的实践到底有什么样的作用的理解。

许老师把这些故事讲得很好，接下来，就具体的技术方面我提一点点建议。

第一，文章中讲过，怎样解释在文中实证的发现，到底是监督作用还是咨询作用。我们看到有科学家独立董事的公司他们的过度投资行为更低，这和科学家独立董事发挥咨询功能也是相一致的。如果这家公司的科学家独董可以帮助公司更科学地决策，这是一个咨询功能，它的结论和文中的结论也是吻合的。许老师讲到，另一个故事实际上是很难区分的，尤其在实证证据方面特别难区分，这两个方面的区分和这个故事怎么讲还可以再进一步做一些工作。

第二，内生性问题，需要时政研究的核心问题。内生性问题的核心就是选择雇用独董、科学董事的公司不是随机的，有可能一些公司本来就是有更好的科学决策的公司，他们来雇用科学独董，这样得到的结果并不能说明独董的作用，它完全是一个样本选择的问题。还有一个时间点上的内生性问题，我自己做研究会发现，进行内生性的研究是非常困难的核心问题。可以想一下具体在这个场景下，在我们理想的状况下，这个问题的解决方案是什么，理想的场景就是我们哪一批公司可以随机把独董分配给他们，能够进行对照比较差别，然后得出独董的作用。很明显，我们做不到这一步，要通过其他方法，如研究是否有其他外在冲击，审计层面、地区层面的。

嘉宾点评2：科学家能不能抑制过度投资

商学院教授　支晓强

科学有什么特征？如果你是一个科学家，你是喜欢过度投资还是喜欢抑制过度投资？科学家有很多的想法，总想让自己的想法付诸实践，搞很多创新，你要抑制投资，这跟我的知觉不太一样。

另外，就是两院院士和两院院士候选人。在自然科学里，如果说得不太恰当，掌握学术前沿的不一定是教授，而往往是那些要评职称的副教授。医院里做手术的时候一般选要评主任的副主任医师，他做手术最厉害。那这些科学家、两院院士都是功成名就的人，他们是最好的用来衡量的指标吗？这是值得讨论的一个话题。

另外，科学家独董抑制过度投资，像刚才陈俊老师讲的，到底是好公司选了牛独董，还是牛独董把公司变好了？许老师的逻辑是牛独董把公司变好了，但是我更多地认为好公司选择了牛独董，所以科学家独董有可能不是发挥了监督作用，而是发挥了一个信号作用，他是一个信号，这家公司独董很牛，这家公司肯定差不了，公司本身没有什么问题。所以，这两者有很大的相关性，但是这个相关性我在 Heckman 的检验里面其实没有完全解决掉。

还有一种情况，独董不是一个人，独董有很多人，我们当会计的很多做独董，到底是科学家独董发挥作用了，还是我们这帮人发挥作用了？在模型检验的时候是不是要控制别的独董的特征。我觉得学会计的更容易限制过度投资，当然这是挑战了，就是你是否把别的独董的特征都控制住了。

我们说多元，重大投资决策需要更多的投标，科学家独董就一票，他是否能够起到如此强大的治理作用，我觉得也可以来做一个检验。比如，你如果想抑制过度投资，这里可能没有讲机制，他是通过投反对票来抑制，还是投资别的渠道抑制的？如果是通过投反对票来抑制的，那科学家独董到底出席了多少次董事会，是不是投票反对了，如果一个都没有，难道是通过别的机制？别的机制又是什么机制，这个机制要说清楚。另外，现在的公司都讲究投资决策多元化，越是院士钻得越精，在多元化的公司里面，需要做更多的稳定性检验。

当然，许老师的论述里面还提到了信息环境。比如在信息透明度比较差的公司里，科学家独董抑制过度投资的作用更明显，这是根据分析数量和四大审计来做的，四大审计信息透明度到底是不是科学家独董能够发挥作用的？如果会计质量不怎么样，那就不是科学家能够做的事情了，那是会计师做的事情。

科学家的学术能够提高抑制代理成本，代理成本主要是用管理费用和高管薪酬来说的，我觉得这跟科学家的专长其实并不太匹配，科学家解决不了这个问题，或者我们看在具体的公司里，根据我自己的实践来看，科学家当独董，最多对这个行业未来怎么发展有一定的说服力，但是具体到怎么投资，那个 CEO 或者董事长，他们是非常能说服人的。科学家这个机制怎么来抑制过度投资的机制，许老师真的可能提出了很有意思的结论，为什么是科学家而不是别人？为什么科学家能够抑制？渠道是什么？是不是真的有这样的故事？它到底是信号作用还是监督作用，还是别的作用？这可能需要更强的检验或者更多的拓展才能够解释这个问题。

学术报告二

政治关联的代理成本：来自中国 18 号文的视角

汉青经济与金融高级研究院副教授　肖刚

这篇文章的研究动机有两个：

（1）在文献里，大家都会说上市公司如果有一类官员做独董，通常这个官员独董会给大家带来益处。我们在想官员做独董难道仅仅是益处而已吗？没有任何不好的地方吗？会不会有一星半点学术界忽视的地方，也就是说，政治关联并不完全是给公司带来价值，也可能会给公司带来一定的伤害。这个伤害会来自哪些方面？在中国，如果控股股东发现独董里有一位能保护他的人，控股股东更有可能做为所欲为的事情。有官员独董的上市公司控股股东，相比其他没有官员独董的公司控股股东，更有可能去掏空、侵害中小股东利益，这是我们的一个出发点。

（2）在学术研究方面，研究政治关联时，通常会遇到内生性问题。能否找到比较简便的方法、清晰的环境，来解决政治关联的公司研究中绕不开的内生性问题。

在中国，正好有这样一种环境、这样一个制度、这样一件事。这个事件是 2013 年 10 月 19 日，中组部发布 18 号文《关于进一步规范党政领导干部在企业兼职（任职）问题的意见》，禁止官员，包括退休官员在上市公司或非上市公司担任兼职或全职的职务。

2010 年以来，中国上市公司里聘用官员做独董的上市公司数量，在 2010 年、2011 年、2012 年、2013 年不断往上走，2014 年突然下降，从 2014 年、2015 年、2016 年开始逐年下降。在 2013 年，当我国的一个政府行为对官员独董产生这样一个外生冲击之后，上市公司通过独董建立政治关联的渠道就断了。这篇文章就研究有这样一个外生冲击，使得上市公司政治关联被削弱了，那么上市公司的行为会受到哪些影响。利用这样一个外生冲击去检验学术界并没有关注的问题，即政治关联到底如何来侵害上市公司。

对于有官员独董、有政治关联的上市公司而言，它们的控股股东其实更有可能去做攫取公司利益、侵害中小股东利益的行为。

大家可能会说，政治关联怎么会和控股股东的攫取行为联系在一起？有以下三个机制。

第一，动机。大股东出于公司利益考量，会找一些他的朋友，或通过他的资源，帮助公司去和一些官员建立联系，请官员做他们上市公司的独立董事。大股东在这个过程中可能会需要去动用一些个人成本，花费一些精力、时间，甚至物质和财力，使公司和这个官员能够形成一个联系，官员愿意去做这家上市公司的独董，很多时候这个成本可能并不是由上市公司来负担。当这些控股股东花费了成本、精力去帮助这家公司建立联系之后，会有动机从公司当中攫取一部分来覆盖其所花费的成本。所以，政治关联如何促进控股股东攫取？政治关联其实增加了控股股东攫取公司利益的动机，希望通过这样的攫取行为来覆盖他们建立政治关联所付出的成本。这是第一个渠道，我们称为动机渠道。

第二，融资。对于金融市场而言，如果一家上市公司控股股东做攫取的行为，说明这家公司的治理有问题，这样的公司在金融市场里的融资成本会显著上升，但是有政治关联的公司对此并不担心，有官员的帮忙、有政府的担保、有各种官员的庇护，控股股东即使做攫取行为，依然可以从银行拿到贷款，依然可以在金融市场融资。对于有政治关联的公司而言，即使有了这样的攫取行为，依然可以拿到钱，而且融资成本不会很高。对于有政治关联的公司而言，政治关联可以显著降低因为攫取行为而带来的融资成本的上升，而这也进一步助长了大股东对上市公司的攫取和掏空行为。

第三，司法保护。如果一家上市公司被控股股东攫取了，怕调查、怕司法、怕惩罚。但是在文献当中有学者发现，对于那些有政治关联的上市公司，控股股东如果有做不好的行为，被调查的概率会有所下降，受到惩罚的严重程度也有所下降。如果控股股东做了不好的事情，但有官员保护，避免被调查或者使惩罚程度降低，他们就更敢做攫取公司利益的事情。所以，通过司法渠道，当有来自政治关联保护时，上市公司控股股东更有可能做这样的攫取。

所以，通过这三个机制：动机、融资、司法保护，对于上市公司而言，政治关联会显著助长控股股东的攫取行为，这就是这篇文章最核心的一个理论，即最核心的假设，在18号文之后，其实是从政府层面、政策角度，以一个外生的冲击将这样的政治关联剔除了。当这样的政治关联被剔除之后，能看到中国上市公司控股股东的攫取行为是在下降的。

有一个最重要的渠道是融资，要看融资渠道是不是政治关联影响掏空行为最核心的一个渠道。如果一家公司需要融资，当它失去了政治关联之后，其实就不敢去做掏空行为，因为知道一旦做了掏空行为，在金融市场上就会非常难融到资，或融资成本会非常之高。所以，在18号文之后，需要融资的公司或融资成本本来就比较高的公司越发不敢做掏空行为，它们掏空行为数量的下降会更加明显，这是我们基于融资渠道所作的假设。

基于司法渠道所做的假设是，控股股东怕被调查。在什么样的地方容易被调查？就是司法效率较高的地方，执法力度比较强的省份。所以，我们预测在18号文之后，在那些司法效率较高的区域、执法力度强的省份，这些上市公司在失去政治关联之后攫取行为数量的下降会更加明显。

掏空如何衡量？根据文献，掏空很多时候基于关联交易，关联交易有正的，也有负的。我们去看市场的反应，其实市场是我们最好的老师，如果一个关联交易被宣布之后，市场对它的反应很差，很有可能这是一笔掏空的关联交易，基于这样一个思考，我们用关联交易公告之后的窗口期超额累积收益（CAR）去衡量这笔交易是不是掏空行为，如果交易带来的市场发展非常之差，很可能是掏空行为。

如何衡量这个政治关联？主要有四个方面：

（1）拥有政治关联独董的数量。

（2）董事会中政治关联的独董占整个董事会成员的比例。

（3）独立董事当中有政治关联的董事占有比例。

（4）独董有政治关联，但政治关联强度不一样，有可能是处级、局级、部级，根据行政级别进行打分，看政治关联独董的政治背景到底有多强。

2010—2016年，非国有A股上市公司，剔除了与财务报表、多个关联交易同时发布的样本，最后拿到3864个关联交易。

$$\mathrm{CAR} = \alpha * Political_i + b * Political_i * After_t + c * Control + Industry + Year + \varepsilon_{i,t}$$

· CAR［-1，1］经市场模型调整

· 2013年以后，*After* 等于1，否则为0

· 预测：$b>0$

我们做的回归用了二阶差分的方法。我们将关联交易所带来的超额收益，回归在政治关联的衡量以及一个政治关联和一个After的交互项上。我们假设当18号文之后，之前聘用了官员做独董的公司，控股股东的攫取行为数量会下降，换句话说，他们的关联交易的超额收益，即市场对他们的反应会正面很多。我们预测那个 b 应该显著为正，也就是说，之前那些已经聘用了官员独董的公司会在18号文之后受到显著影响，就是攫取行为更少了，市场对它们关联交易的反应更正面。所以，系数 b 是这篇文章最核心的系数参考。

本篇研究的核心结果如下：

（1）攫取行为少了，市场反应更正向，$b>0$。有五个不同的对政治关联的衡量，在这五个方程里，交互项的回归系数 b 都显著为正，显著性为三颗星，无论是哪个变量，显著性都很不错，这也证实了我们的第一个假设，即在18号文之后，随着官员独董的离开，这些公司的控股股东的攫取行为数量有显著下降，市场对他们的关联交易反应要正面很多。

我们做了非常多的显著性检验，如其他测度CAR的方法、其他测试政治关联的方法、去除反腐的影响、去除兼并收购的影响、去除2015年股灾的影响。

通过检验之后发现这个结果依然很强，也就是说，之前找到这样一个交互项系数依然显著为正，第一个，也是最核心的假设得到了验证。

（2）是不是融资渠道、司法渠道导致政治关联影响了控股股东攫取行为？我们发现是的。按这样的融资容易程度，用的是有形资产占比，如果一家公司有很多有形资产，其实很容易提供抵押品，在银行面前有很强的融资能力。按照有形资产占比将整个样本分成有形资产占比较高的一半和较低的一半，会发现这里的系数还是刚才那个 b（交互项回归系数），只有有形资产占比较低的样本，回归系数是显著为正的，但是有形资产占比较高的公司，可以通过抵押品获得银行贷款的公司这个系数就不显著了。有形资产占比较低的公司自己去银行获得贷款的难度比较大，再做掏空的行为，在缺乏政治独董保护的情况下，就很有可能根本贷不了款，所以对于这些公司而言，就更不敢去做这样的攫取行为，市场对它们的反应也更加正面。对于盈利能力非常强的公司，可以很轻松地从银行获得贷款，就不需要做贷款，如茅台酒业。对于盈利能力比较差的公司，从银行获得贷款的能力比较差，但凡做一丁点掏空行为，都会给它们的融资带来显著影响，它们不敢做掏空。所以，会发现对于盈利比较低的公司，真正掏空行为才会显著下降。

类似做了一个外部融资依赖程度，对外部融资依赖程度比较高的公司的攫取行为下降才是明显的，对于压根不需要外部融资的公司系数根本不明显。融资渠道得到印证。

司法保护渠道。对于司法保护真正很强的区域，对于执法力度很高的省份，这些上市公司才更有可能受到调查。当我们将样本按照地区司法保护程度进行划分时，对司法保护程度比较高的区域系数才显著，对于司法保护程度并不是很高的区域系数并不显著，再次印证了司法保护渠道。

总之，18 号文后，大股东的掏空行为数量显著下降。融资难、盈利差、对外容易依赖度高的企业，掏空行为数量下降更多。司法保护比较好的区域，掏空行为数量下降更多。这些结果表明，政治关联并不一定是好的，对于上市公司而言，结果显示，其会助长股东掏空行为。

嘉宾点评 1：关于政治关联的认识和疑问

财政金融学院教授　何青

这篇文章主要论证 18 号文这一政策冲击对政策关联下上市公司关联交易的影响，18 号文是一项重要的外部政策冲击，它不仅影响了上市公司，还影响了高校相关学者的兼职行为。在该项政策的冲击期间，许多教授突然辞去了院长、书记等行政职务，这足以证明该政策的影响力。

具体地，这篇文章主要验证了相关企业失去政策关联以后，是否影响到了大股东掏空公司的行为。

作者的主要做法是，检验 18 号文颁布后企业关联交易的市场回报，即比较了 18 号文前后关联交易发生以后市场的回报较之前有无差异，机制上，作者检验了三个主要渠道：①激励渠道；②金融渠道；③法制渠道。数据选择上，作者用了中国所有非国有企业上市公司，样本在2010—2016年，囊括了事件发生前后3年的数据，同时包含了3864个关联交易，用了一些比较新颖的数据，如职务犯罪等。

作者主要发现的是失去政治关联会减少企业的掏空行为，这三个渠道都是存在的。这项工作具有较强的理论和实践价值，同时有两个重要的贡献：

(1) 有助于理解政治关联对“掏空”行为的影响。

(2) 有助于理解政治关联对公司治理行为的影响。

对于这篇文章有几个疑虑：

(1) 18号文会减少公司的掏空行为，但目前文章提供的实证证据都是市场反应，未能找到公司掏空行为数量实际下降的证据，所以部分学者可能会怀疑“掏空”行为是否真实存在。

(2) 18号文出台以后，政府官员不再担任独立董事，这也将减少他们给公司带来的利益。文章所检验的现象是否可能是由于上述政治关联带来的利益减少而导致的。

(3) 激励渠道、金融渠道、法制渠道这三个渠道之间可能存在重叠。如法律审判渠道可能会影响到它的激励渠道，同时金融渠道也会影响到激励渠道。试想，如果上市公司本来就存在“掏空”行为，但它们却没有受到法律的严肃处罚，其掏空上市公司的动机是否会出现增强？

所以，这三个渠道之间是否相互影响也是一个疑虑。

肖刚老师只针对非国有企业，但没有控制总经理和董事长，总经理和董事长是不是存在政治关联？从这类文献整体考虑，总经理和董事长的治关联可能比独立董事的政治关联更重要，这里是否会影响到主要渠道？值得探讨。

嘉宾点评2：对金融理论的评价

商学院副教授　张志强

在讲财务和金融时，我有一个问题一直不好意思提出来，其实我们给学生介绍财务和金融理论时，总感觉20世纪80年代之后的理论微乎其微，找不到值得介绍的理论。例如，资本资产定价模型（Capital Asset Pricing Moclel，CAPM），是1964年的作品；有关资本结构问题的MM模型有两个，分别是1958年的MM_1和1962年的MM_2。

与这个问题相关，有两个现象值得注意：

一方面，20世纪80年代以来，财务和金融方面的研究并没有停止，不但没有停止，还可以说研究非常繁荣。例如，专业杂志的来稿拒绝率基本上达到90%以上，说明学者们是多么努力。

另一方面，确实有很多专业问题没有解决。如负债，作为一家企业，最优负债率是多少，这样的问题没有明确解决。如投资，投资风险应该如何考虑；财务上有贴现率，可是贴现率如何确定没有解决；最好的方法是1964年的CAPM，这是唯一一个联系风险确定贴现率的方法。只可惜，这个方法只考虑系统风险，没有考虑非系统风险，也就是说，不能考虑全部风险，这显然违背了决策的谨慎原则，也不符合实际决策的要求。

20世纪70年代之后，这个理论没什么进展，但是实践需要理论，实践中的问题需要理论来解答。这些年提的比较多的是金融科技（FinTech）。金融科技是一种外在的计算工具，不是金融科学本身，金融科学到了70年代就停止了，这是一个什么样的问题，在座的各位专家可能比我心中更有数。

为什么会有这样的情况？这个问题可能较为复杂，不便在这里探讨。那么，认识到这个问题，是好事还是坏事，这个问题很简单。

我个人理解这个问题不是坏事，是好事，甚至是一件大好事。想想看，迄今为止的金融理论、财务理论，哪一个理论是中国人创造的？没有，全部都是西方人创造的。西方传统金融理论发展到20世纪70年代就停止了，也就是说，西方人已经推进不了金融理论了。金融理论停滞不前是一个机会，是改变一下我们在金融理论方面一穷二白面貌的机会。当然，金融理论不是随随便便就可以创造出来的，是需要付出智慧、勤劳和勇敢的。

学术报告三

卖空、投资者信息披露与价格效率：基于中国市场的研究

商学院副教授　孟庆斌

2010 年，中国推出卖空机制时，美国卖空机制已经推出很长时间了，这个数据相对比较全面。2010 年之后中国推出了卖空机制，在这之前对这个市场肯定没有人研究过，虽然很多地方跟美国是一样的，但还有很多不一样的地方，我想在这个方面做一些研究。当时我们写这方面论文的时候，发现中间需要很重要的一点，就是写这么一段背景，背景里有很多是介绍为什么要研究中国的数据。每次我写到这一块，其实就纯靠编了，有时候编的话老外也不相信。怎么不相信呢？我总说中国数据好，中国数据是每天都披露，老外的数据一个月才披露一次，但这是仅仅几个券商把这些数据放在一起，不是全市场的数据。但是有了较全面的数据以后，这个研究结论好在哪儿？我一直在琢磨这个问题。

之后我发现了一个争论，当然报告上主要写的卖空是不是这个传递信息的方面，除了这些业界还有一些争论。业界争论说，美国披露是按月，但到底是不是披露得频繁一点会对这个市场有更大的好处？如果按更高频率披露，是不是会给市场传递更多的信息？然后再讨论，但是也没有结

果，因为没有实验，没有做过按日披露，所以技术上无法实现。

我们希望解决这个问题，有很多人争论卖空有没有信息，但是这个信息主要说的是，通过卖空交易，在交易过程中传递这个信息，因为美国之前没有按日披露或者比按月披露更短的时间间隔，没有这样的试验场景，所以信息披露上传递出多少信息没有人研究过，只是研究交易当中通过交易量对价格产生冲击是否传递出更多的信息。因为中国是按日披露，所以我们有机会来看一看，除通过交易影响价格、传递信息之外，是不是还可以通过信息披露传递出更多的增量信息，这是本篇论文的写作初衷。

$$\Delta p_t = \delta(m_t - p_{t-1}) + \varepsilon_t, \quad m_t = m_{t-1} + v_t,$$
$$(\varepsilon_t, v_t)' \sim i.i.d.\ N\left(0, \begin{bmatrix} \sigma_\varepsilon^2 & 0 \\ 0 & \sigma_v^2 \end{bmatrix}\right) \tag{1}$$

式（1）中，ε_t和v_t呈独立正态分布。这是市场规模结构里面最出名的价格发现的模型，是 Amihud 于 1987 年所写的，所有写这方面论文的人都用这个模型衡量这些价格发现。

P 是市场价格，Mp 是均衡价格，就是一只股票理论上或者实际的价值，我们可以理解为价值，这个价值等于一个方程，就是后面的 M_t，我简单讲一下模型设定，推导不多说。M_t，价格等于上一期的价值加上这一期新传递出来的信息对这个价值的影响，这个公式非常容易理解，M_t 等于 M_{t-1}加μ_t。今天的价格等于什么？今天的价格是在昨天价格的基础上，加上今天新出的信息以及对价格的影响。

$$\Delta p_t = (\delta_c + \delta_{Tra} \mid \Delta_t \mid)(m_t - p_{t-1}) + \delta_{Inf} S(\Delta_{t-1})(m_{t-1} - p_{t-1}) + e_t,$$
$$m_t = m_{t-1} + v_t, (v_t, e_t)' \sim i.i.d.\ N\left(0, \begin{bmatrix} \sigma_v^2 & 0 \\ 0 & \sigma_e^2 \end{bmatrix}\right)$$

Δ_t 相当于市场价格的变化，市场价格的变化等于理论价格和昨天价格之间的差距，偏离了理论价格。就是今天价格的变化向偏离来回补，把昨天偏离的价格来弥补。Δ 相当于弥补的速度，假设理论价格是 10 元，今天是 9 元，如果 Δ 等于 1，今年就涨了 1 元，马上恢复到均衡的价格，所谓正确的价值。如果Δ小于1，这个价格偏到9.5元，慢慢才到10元，到了应该有的价格。如果μ介于1到2之间的数，本来应该是10元，今天是9元，结果一下子到10.5元，然后从10.5元慢慢恢复到10元，这是Amihud最经典的模型。价格如何调整，Amihud告诉我们，价格的调整，也就是股票的价格向价值调整的过程，是通过交易，买的人多了以后，价钱涨起来的，卖的人多，一般就掉下去了。

我们刚才说卖空，比如我特别不喜欢一只股票，在只有卖空机制之前你只能在心里默默地恨它而无能为力。现在有了卖空机制，我没有这个票，但可以借你的票卖掉，然后我从市场上买回来再把票还给你。卖空了以后，是通过交易对这个价值进行修复。

此外，我们今天晚上交易完，有的人如果今天不知道这只股票好不好，今天晚上收市以后，披露出一个卖空的数据，今天这只股票被大量卖空，我不知道它有没有坏的消息，但是看到这么多人都在卖空它，而且前面那些文献告诉我们，卖空能够挖掘出真实的信息，挖掘出真实的信息以后，虽然我不知道，但是你们能够挖掘出信息，你们都卖空，不喜欢它，然后我跟着进去卖空就可以了，相当于信息披露带来第一天无信息者晚上通过看有信息者的交易，学到这些信息，进而影响价格。所以，第二块是通过信息披露产生的价值修复。

我们这个大Δ定义，就是未抛补的卖空量，意思就是我们的卖空余量，今天卖空100万股，明天卖空200万股，后天卖空300万股，到第三天卖空加起来就是600万股，我总得卖空未平仓卖空量的变化，就是大Δ_t。通过交易对价值修复的贡献，我们假设成一个简单的线性函数，Δ_c加上Δ_{tra}，通过交易引起的价值修复。后面Δ_{ref}就是信息披露，通过信息披露对它进行价值修复的调节系数，St相当于一个信号。也就是说，除了我看到你卖空量今天变了，变了多少，你现在变没变可以给我一个信息，变了之后，变得多还是变得少，变得一方差或者两方差，变得非常大，或者变得基本上没有什么影响。可能对我来说，卖空量稍微一变化，我觉得会有新的信息。但是换句话说，另一个人神经比较粗糙，他的卖空量今天新增一倍之后，才觉得这只股票可能有新的不利信息传出来。*St* 是我们一个未定的方程，依赖于平仓卖空量的函数，对于这个函数形式，后面有一些简单的假设，这里先不多说了（见图 1）。

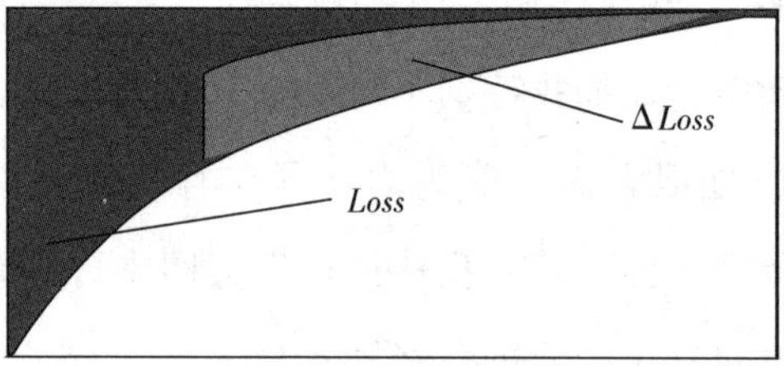

图 1　自建模型

图 1 中，Amihud 的影响指的是 Δ*Loss* 和 *Loss* 加起来，这是 Amihud 通过交易定义的价格发现的系数。

Δ*Loss* 加 *Loss* 是 Amihud 定的指标，我们定的指标 *Loss* 是我们信息损失的度量，Δ*Loss* 是有信息披露，我今天晚上能看到你以后带来的信息损失。

实证结果非常简单，如表 1、表 2 所示。

表 1　Price efficiency of shortable stocks before and after effective dates

Panel A：Price efficiency before and after effective dates				
	Mean	Std	Min	Max
δ_{pre}	0. 419	0. 334	0. 012	0. 958
$Loss_{pre}$	5. 721	23. 480	0. 044	82. 333
δ_c	0. 147	0. 319	0. 010	0. 987
$\delta_{Tra}\sqrt{\mid\Delta\mid_t}$	0. 000	0. 021	-0. 040	0. 058
$\delta_{Inf}\sqrt{S\ (\Delta)_t}$	0. 154	0. 125	0. 000	0. 390
$Loss_{poct}$	3. 310	23. 001	0. 014	89. 011
Δ*Loss*	42%	35. 2%	0. 0%	95. 5%

续表

Panel B：Test results of several null hypotheses				
Hypothesis		Method		| t - value |
H0：$\delta_{pre} = \delta_c$		Paired t - test		0.178
H0：$\delta_{pre} = \delta_c + \delta_{tra}\sqrt{\mid\Delta\mid_t}$		*Paired* t - *test*		0.171
*H*0：$\delta_{Inf}\sqrt{S(\Delta)_t} = 0$		*One - sample* t - *test*		32.897 * * *

表 2　Price efficiency of non - shortable stocks before and after simulated effective dates

Panel A：Price efficiency before and after effective dates				
	Mean	Std	Min	Max
δ_{pre_non}	0.141	0.344	0.012	0.932
$Loss_{pre\_non}$	6.092	28.461	0.073	82.333
δ_{post_non}	0.148	0.334	0.010	0.928
$Loss_{post\_non}$	5.757	27.536	0.078	99.000
$\Delta Loss_{non}$	5.5%	7.7%	6.7%	15.5%
Panel B：Test results of several null hypotheses				
Hypothesis		Method		| t - value |
HO：$\delta_{pre\_non} = \delta_{post\_non}$		Paired t - test		0.680
HO：$\delta_{pre\_non}\delta_{pre}$		Unpaired two - sample t - test		0.465
HO：$\delta_{post\_non} = \delta_c$		Unpaired two - sample t - test		0.060
HO：$Loss_{pre\_non} = Loss_p re$		Unpaired two - sample t - test		0.282
HO：$Loss_{post\_non} = Loss_p ost$		Unpaired two - sample t - test		1.195 * *

可以看到一个问题，底下的 *Loss Pre* 和 *Loss post*，也就是卖空推出前的股票信息反应速度和卖空推出以后股票信息反应速度，它们是否发生了本质的变化。证明一个什么问题呢？卖空推出以后，它不但可以通过交易、通过价格的冲击来影响这个理论的价格，还可以通过你给我传递出的信号，使后知后觉者通过观察先知先觉者的交易结果来判断股票到底是一只好股票还是一只差股票，是不是有利于信息的改进，这是最主要的结果，其他稳健性之类的没有放在上面。

第二个结果，这是一个次要结果，简单呼应一下对于卖空这件事是否到底有信息的争议。

最后一行，因为我们知道中国市场与美国市场不一样，美国市场要卖空大家一起卖空，要不卖空都不卖空。而中国市场卖空标的扩容了几次，同时会存在一些股票可以卖空、一些股票不可以卖空，我们就把这些可卖空和不可卖空的股票信息发现的能力进行对比，我们会发现它们两个没有区别，这个假设被我们拒绝了。

最后，进一步研究，我对卖空交易量有不同的反应，我们列出了能想到的 12 种反应，还有第 13 种反应是没有反应，没有列在上面。

表 3　Specifcations of signal function

Signal function	Signal function	Signal function
$S_1(\Delta_t)=\begin{cases}\Delta_t & \text{if}\Delta_t\geqslant 0,\\ 0 & \text{otherwise.}\end{cases}$	$S_5(\Delta_t)=\begin{cases}-\Delta_t & \text{if}\Delta_t\leqslant 0,\\ 0 & \text{otherwise.}\end{cases}$	$S_9(\Delta_t)=C\mid\Delta_t\mid$
$S_2(\Delta_t)=\begin{cases}1 & \text{if}\Delta_t\geqslant -\sigma_\Delta,\\ 0 & \text{otherwise.}\end{cases}$	$S_6(\Delta_t)=\begin{cases}1 & \text{if}\Delta_t\leqslant \sigma_\Delta,\\ 0 & \text{otherwise.}\end{cases}$	$S_{10}(\Delta_t)=\begin{cases}1 & \text{if}\mid\Delta_t\mid\geqslant \sigma_\Delta,\\ 0 & \text{otherwise.}\end{cases}$
$S_3(\Delta_t)=\begin{cases}1 & \text{if}\Delta_t\geqslant 2\sigma_\Delta,\\ 0 & \text{otherwise.}\end{cases}$	$S_7(\Delta_t)=\begin{cases}1 & \text{if}\Delta_t\leqslant -2\sigma_\Delta,\\ 0 & \text{otherwise.}\end{cases}$	$S_{11}(\Delta_t)=\begin{cases}1 & \text{if}\mid\Delta_t\mid\geqslant 2\sigma_\Delta,\\ 0 & \text{otherwise.}\end{cases}$
$S_4(\Delta_t)=\begin{cases} & \text{if}\Delta_t\geqslant 3\sigma_\Delta,\\ 0 & \text{otherwise.}\end{cases}$	$S_8(\Delta_t)=\begin{cases} & \text{if}\Delta_t\leqslant -3\sigma_\Delta,\\ 0 & \text{otherwise.}\end{cases}$	$S_{12}(\Delta_t)=\begin{cases}1 & \text{if}\mid\Delta_t\mid\geqslant 3\sigma_\Delta,\\ 0 & \text{otherwise.}\end{cases}$

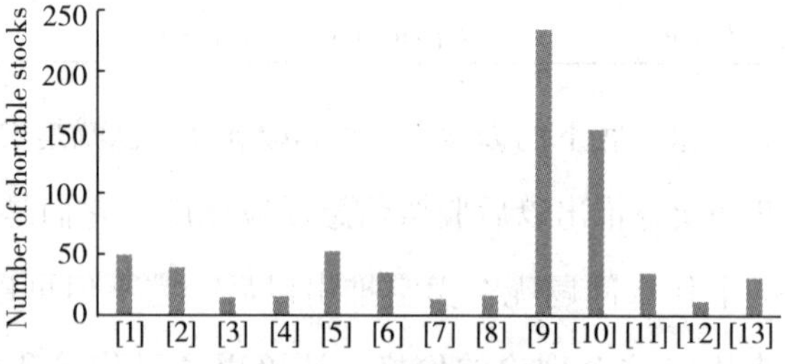

图 2　Number of shortable stocks

从图 2 中，我们可以看到第九种、第十种反应最强烈。就是市场人读卖空交易量的值，无论是卖空交易量过大还是过小，我都会对它有反应。

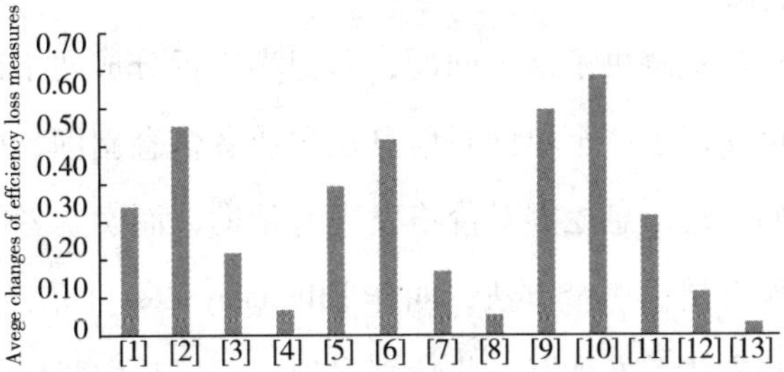

图 3　Average changes of efficiency loss measures

另外，当卖空交易很大，绝对值超过一倍方差，我对它有反应，反应是0、1的变化，超过为1，不超过为0，对于这两种信号，市场反应是最强烈的，而每一种反应对于信息发现速度的提高都在我们这里把它列出来，这是我们论文所有的结果。

嘉宾点评1：卖空对价格发现的功效

财政金融学院副教授　郭彪

之前我做了一些研究发现，卖空并不能很好地提高价格发现，这篇文章找到了这个结论，所以我刚收到的时候很认真、很激动地读完了。首先总结一下这篇文章的观点。

卖空究竟对价格发现有什么功效？这一块在国际上有一个普遍的结论，就是卖空，什么事情都有一个平衡面，只允许买多不许卖空肯定会失衡，国际上大部分会存在一个结论：卖空会加速它的价格发现。但是在中国和一些亚洲市场，发现并不是那么回事，包括我以前也没有发现总体结论。

有两个结论，比较混合：第一，可以加速这个价格发现。第二，由于卖空一些人为的操纵等，它的信息并不能提供很大的帮助，所以它的发现有一个混合效益。刚才那篇文章是讲中国市场，发现在中国不是这么回事。

这篇文章作者就解决了这个问题，我把卖空拆分成两个部分：一是交易；二是文章里面用了一个单词叫信息挖掘或者信息剥削，用了一个改制后的模型。他们发现信息挖掘对价格发现有帮助，而卖空者的交易并没有帮助，为此，作者提了一个方法，叫作 Efficiency Loss（信息损耗），然后比较现存的这些方法，发现有一些特别之处，可以帮助我们了解以往的一些与卖空相关的方法。

基于此，作者建议相关的政策监管机构应该加速透明度和信息披露，只有这样才能加快信息发现，有利于整个金融市场的价格发现功能，完善整个市场。总体来讲，这篇文章写得非常仔细，对目前的文献有很好的借鉴意义。结论也非常稳健，为投资者和政策制定者如何更好地监管市场提供了一些参考，也拓展了以前的研究者对关于卖空限制的发现。

讲几个我的观点。

Amihud 的这篇文章，刚才孟老师说他读起来很头疼，我们读起来也很头疼，他的文章里讲了很多公式，也有很多推导。Amihud 在 1987 年的时候提出了这个公式，指出这里的第一个是价格的变化，第二个是对外部冲击的反应速度。

这篇文章之后作者进行了改进，用了一个价格调整的公式，把它拆分成两个部分。这两个部分我们推导的时候不是很准确，但是从直观的角度，中间可能有一些期望值被忽略掉。如果我们把右边 M_{t-1} 加上 V_t 移到左边，把 V_t 整体移到右边，从这个公式可以看出，因为这个 Trading Activity（交易活动）与信息挖掘其实都是可以影响昨天的仓位调整，都可以影响 Trading Activity 和 Information Exproitation（信息挖掘），如果区分开，这是一个计量上很重要的问题，而这篇文章没有写。更糟糕的是，如果这个 σ（sign 符合）是一个常数，或者 σ 是一个绝对值的时候，那么等式的第二项、第三项抵消了，都是一个常数项或者抵消了。如何把这个参数剥离出来，统计上应该讲一讲。所以，首先解释一下这个统计方法，我事先知道这个参数之后模拟出来一个结果，反过来根据你的方法是否可以得到最初的参数，如果出现错误则会影响后面所有的结论。如果不成功，你很难解释究竟是 Trading Activity 还是 Information Exproitation。

这篇文章里用了“Trading Activity”和“Information Exproitation”这两个单词有一些误导，因为利用昨天的仓位调整进行交易也是 trading（交易）。另外，信息挖掘主要是一个信息的剥削，这样说可能不是很恰当，作者可以适当参考一下。

除做融券之外还有一个融资，考虑融券时很有必要考虑同一只股票融资的变化，两者之差更有意思，所以就是融资也需要在文章上考虑。

周国富老师发表文章，说卖空比例可以用来预测未来股票价格的变化，我发现是不能预测的，我在另一篇文章里用了一个理论模型，还有中国融券限制，所以提出卖空回补天数，发现它能对价值有更好的预测。

嘉宾点评2：卖空的影响

汉青经济与金融高级研究院助理教授　江颖

这篇文章涉及的是一个非常重要的问题，就是卖空。大量的卖空经常和金融危机以及大幅的市场下跌伴随在一起，所以对于卖空的正面和负面的影响，学术界的讨论非常多。

一个很明显的正面作用，就是卖空可以抑制价格高于基本面的现象，所以加了卖空的机制可以增加市场的有效性，所以我总结了这篇文章的贡献有以下三部分。

第一，它运用中国股票市场数据验证了卖空机制对市场的有效性，是的确有改善作用的。

第二，这篇文章提出了比较新颖、比较重要的一点，不仅是卖空交易本身，这个卖空的交易信息被公开以后，被解读以后，能够对市场产生这样一个作用，这是文章的一个核心。

第三，进一步在实证的研究当中区分了交易本身产生的作用和公开交易数据被解读以后对市场产生的作用。

对于它的研究方法主要是这样的思路，这个模型认为每天价格的变化有两个部分：价格向正确的基本面的回归和扰动项。回归速度是由 δ 系数代表。由于市场摩擦，价格不能完全向它的基本面回归，δ 往往在 0 ~ 1 之间。这个系数如果在 0 ~ 1 越高，说明这个市场有效性越强，这篇文章进一步把这个系数分解成两个部分：一个部分是卖空本身交易的影响；另一部分是数据公开以后的影响，这里把回归系数和前一天卖空的意愿联系起来。这个系数显著性很强，因此得出结论认为大家观察到以后对市场产生作用，而不一定是交易本身，这是我非常感兴趣的一个机制，就是大家不仅看到公开信息，这个公开信息还很特殊，是别人的交易行为被我解读以后，对这方面的研究是对市场博弈一个很重要的话题。

首先，我们很感兴趣如何找到更直接的证据去证明的确是大家看到了这个信息以后，对这个市场产生了影响。可能要排除其他作用的来源，前面一天日末的卖空意愿有可能通过第二天的交易实现，它还是通过交易实现。还有投资者可以通过前一天的价格或者解读其他一些获取信息，这个正好和 Δ_{t-1} 吻合了，产生这样的作用。这些都需要进一步的实证研究来予以排除。

卖空数据的解读难度各个股票应该是有差异的，如果融券一直处于供不应求的状态，Δ_{t-1} 这个变化有可能反映券的供应变化，并不一定是卖空意愿本身的变化，诸如此类，也可以利用这个在横截面上看一些变化，从而加强作者的结论。

如果前面确认了，的确是大家观察到的卖空交易数据，然后产生作用，这个机制就是我们大家非常感兴趣的。这里罗列了两个机制，一是刚才孟老师讲到的，一个有信息优势的人去卖空，然后卖空数据被市场解读，普通投资者也得到这个信息，于是市场价格更有效，套利空间缩小。如果套利空间减少了，原来有信息优势的这些人，如果需要花成本获取这些信息，是不是不愿意花费这个成本获取信息？如果看到这个路线，这个机制对市场的有效性是一个混合的效用，这个需要再去思考。

我提出还有一种可能性，就是这种公开的信息有可能是给许多卖空者一种协同的信号。例如，单个投资者卖空，不一定能够造成这个价格的有效下跌，那么卖空是有成本的，如果短期内不能获得这个利润，这是有风险的，所以一般来说单独的卖空者在不知道其他人意愿的情况下，不敢去卖空。

如果我们都能够看到前一天交易者加在一起的卖空行为，是不是可以形成一个共同的协同的信号，第二天我们继续加强？如果这样，这个卖空者之间的协同在一起，他们的作用会更加加强。这也是一个非常有意思的机制，这两种机制之一如果能够被严格验证，都是非常有意义的事情，所以我觉得是一个非常有意义的研究。

学术报告四

贸易条件外部性、冲销干预和中国最优货币政策

财政金融学院助理教授　芦东

前面几位嘉宾讲的都是微观的话题，我给大家讲一个宏观方面的研究，主要是中国最优的外汇和货币政策。

这个研究的大背景是一些新兴市场国家和发展中国家对外汇的干预逐渐变成了常态。回顾历史，从20世纪70年代到80年代，经过一波短暂的汇率完全自由浮动，90年代之后，尤其是1998年亚洲金融危机之后，各国重新开始限制汇率的波动并积累外汇储备，以提高干预外汇市场的能力。

根据对汇率制度分类的统计研究，目前采用固定汇率制度和限制汇率波动的国家数量在不断升高。同时，全球外汇储备也在上升，如果一个国家如果没有充足的外汇储备，维持稳定汇率是非常困难的。

中国在2005年之前采用的是完全盯住美元的固定汇率制，2005年之后人民币汇率进行了改革，改革之后，实行的是以中间价为中心的有管理的浮动汇率制，即在中间价上下进行波动幅度的限制。最近，有一些学者对人民币中间价的形成机制做了一些研究，我本人也做了一些波动幅度的研究。人民币汇率既不是完全浮动，又不是完全固定，是一种中间的汇率制度状态。

那么这些国家，包括中国在内，为什么担心汇率浮动呢？主要有三个方面的考虑：

（1）贸易条件的外部性。已经有非常多的文献说明了这个问题，主要是一个开放经济体的支出转换效应（Expenditure Switching Effect）存在时，可以通过国家层面调节贸易条件，稳定宏观变量，从而达到提高国家福利的目的。

（2）国际贸易的定价方式。如果考虑按照出口目的地市场的货币定价，即 Local Currency Pricing，那么限制汇率波动也可能是一种最优货币政策选择。其中的经典文献是 Engel（AER，2011）。

（3）原罪说。即企业发行债券的时候不可避免地要使用美元，因为国外投资者一般只认可和接受以美元计价及结算的债券。在企业借了很多外债的情况下，如果本国货币大幅贬值，则可能通过金融渠道影响到宏观经济。

我们这篇学术文章不可能把所有影响都放进去，因此，我们仅仅侧重于考虑贸易条件的外部性。即如果把贸易条件外部性加进去之后，中国最优汇率政策是完全固定还是清洁浮动，或者是中间汇率制度？

2015 年美联储的经济学家刘峥等发表了一篇学术论文，以下简称 CLS（2015），研究了中国的资本管制和外汇市场冲销干预，他们的主要结论是：中国应该采取完全浮动的汇率制，同时中国资本账户也应该进一步开放，以至于开放到其他新兴市场国家的平均水平。我们的模型是在他们的模型基础上做了一个非常小的改动，从而重新审视中国的货币政策和最优外汇政策。

这篇文章分模型和实证两个部分，模型方面构建统一的宏观分析框架，既包含贸易条件外部性，又包含中国的冲销干预和中间汇率制度，汇率既不是完全固定，不是清洁浮动的。同时，我们的模型还加入了资本管制和不完全金融市场，这些符合中国目前的宏观经济特征。我们还把这个模型和中国的经济数据结合在一起做了进一步的研究。比如我们用中国的外汇市场数据发现了一个非线性的外汇干预规则，我们会在文章最后把这个非线性的外汇干预规则带回到之前建立的宏观经济模型里，研究最优汇率政策对宏观经济变量和福利的影响。

CLS（2015）研究中国的外汇冲销干预和固定汇率制下中国宏观经济变量受到外国利率冲击时会有什么样的反应。他们发现，中国货币当局把人民币汇率完全自由浮动，同时进一步开放资本项目当作最好的政策选择。但是这篇文章仅仅考虑了汇率制度的两个极端情况，即中国的人民币汇率要么完全固定，要么完全清洁浮动，没有考虑汇率制度的中间状态。

我们的模型在 CLS（2015）的模型上作了非常简单的拓展，即加入了央行中间汇率制和贸易条件的外部性。第一步，我们采用了一个泰勒规则，但是在泰勒规则上加上对于央行对汇率的反应项。第二步，将 CLS（2015）里，的中间品生产函数由道格拉斯生产函数改为 CES 生产函数，这样，就能把贸易条件外部性加进去，从而讨论进出口替代弹性发生变化之后是如何影响最优汇率政策的。

模型的具体拓展细节如下：①在 CLS（2015）里，他们用泰勒规则来刻画在浮动汇率制下央行遵循的货币政策，央行只要盯住通胀和产出缺口就可以了。我们在一个拓展的泰勒规则里加上了一个对外汇增长率的干预，比如外汇如果升值或贬值过多，央行会通过调整利率来进行干预。系数 0. 25 是之前学者用加拿大的数据，通过贝叶斯估计计算出来的。我们在文章的第二部分会用中国的数据再定一下中国的外汇干预规则，但是作为第一步，先向大家展示一下用这个加入了央行干预外汇之后的拓展的泰勒规则所带来的结果。②我们加入了贸易条件的外部性。我们引入了 CES 生产函数，其中的一个重要参数是本国生产的商品和外国商品之间的替代弹性，这个替代弹性的存在导致了贸易条件外部性的存在，一般这个替代弹性越大，代表支出转换效应越大，贸易条件的外部性也就越大。这个进出口商品的替代弹性也被称为 Armington 弹性。从中国和美国的微观数据来看，中国替代弹性比美国大一点，因此，在这个模型里我们发现当进出口商品替代弹性发生变化时，对汇率制度的选择会有不一样的结论。

从脉冲响应函数来看，美联储利率下降 1% 的时候，宏观经济变量的反应在 Armington 弹性较大的时候明显增大，这主要是由于支出转换效应变大。接下来，我们做了几组反事实的实验：核心发现是，当 Armington 弹性处在一定区间的时候，央行实行有干预的中间汇率制是一个最优政策选择。

当然，我们这个拓展的泰勒规则是从加拿大的数据估算出来的，我们需要进一步估计中国的外汇市场干预规则。根据已有外汇干预的文献，外汇干预都存在非常强的非线性特征。最近一篇文章研究了一组国家，发现央行普遍是在汇率较大时才去干预，较小时就不管了。因此，我们需要用一些实证的方法，把中国汇率制度系统性地描述一下。这里，我们用了一个马尔科夫区制转换模型（Markov Regime Switching）来分析中国央行的外汇干预规则。

$$\frac{Intrvention}{M0} = c(S_t) + \alpha(S_t)(e_t - e_{trend}) + e_t, e_t \sim N(0, \sigma)$$

其中，*Intrvention* 是央行外汇占款的变化量；M0 是基础货币；c 为常数项；e_t为汇率，e_{trend}为前 12 个月的汇率移动平均（MA）。

我们从央行资产负债表上获得央行外汇占款量，然后除以 M0，作为被解释变量，右边用 1 年期 NDF 汇率，发现外汇干预的反应系数有两个 regime 非常显著地存在，一个强，另一个弱（见图 1）。

这个数据是 2010—2015 年的，人民币基本尚处于升值，为什么不用之前的？因为 2008—2010 年人民币汇率重新回到了盯住美元，而 2015 年 8 月之后人民币汇率作了一些其他改革，所以，我们选取了中间这段时间，即 2010—2015 年的月度数据发现这段时间既有人民币升值压力比较强的时

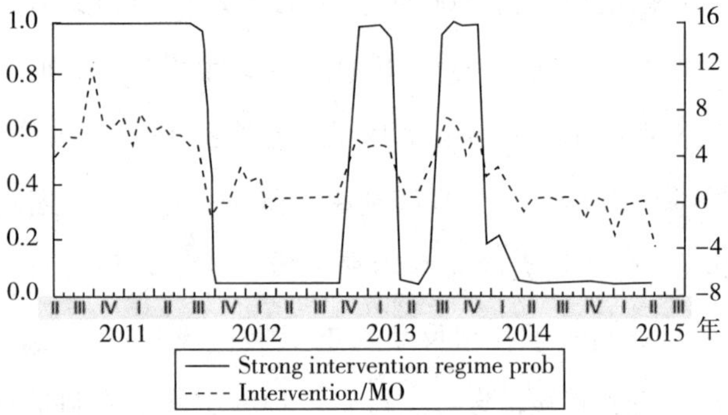

图 1　区制转换概率图

注：Strong intervention regime prob：强干预区制的概率；Intervention/M0：外汇占款/基础货币。

候，又有人民币双向波动的时候，因此，这个时间段数据能更好地刻画和识别央行对外汇市场压力的态度。我们发现在强干预时期，央行反应系数要比弱干预时大 1 倍，而且从统计意义上看非常显著。

举例来看，2010 年，尤其是国际金融危机之后，“热钱”大量涌入中国，中国央行采取比较强的干预。但到 2011 年下半年和 2012 年，人民币双向波动比较明显，央行减少了干预。“8 · 11”汇改前，人民币汇率双向波动非常明显，央行也减少了外汇干预，可能是央行非常有信心，“8 · 11”汇改就选在这个时候。

我们并不满足只是去刻画央行的非线性外汇干预规则，而最终目的是要把这个外汇干预规则带到结构性宏观模型里。这里我们用了 Occbin 的技术，对汇率的波动幅度作了限制。

如果美联储降息，在没有外汇干预的情况下，汇率就会出现一次性的大幅升值；但如果有央行进行外汇市场干预，升值就会被限制在 2%，央行积累的外汇储备由央行持有的外国债券量上升反映出来。

我们接下来让中国进一步开放资本项目，把资本项目开放到其他新兴市场国家水平，即使同样的美联储降息幅度，带来的汇率升值会远远大于没有资本管制时的情况。这说明汇率政策和资本管制政策是补充的，如果仅有汇率政策，没有资本管制政策，汇率政策的效果就会大打折扣。

总而言之，当美联储降息时，央行如果不对人民币汇率进行干预，就会有一个非常大的升值。如果有一个外汇干预的规则，汇率的波动会更加平缓。我们的论文从理论方面发现央行货币政策仅仅考虑外部性，也可以为实行中间汇率制提供理由。当然，这个模型里没有考虑金融摩擦，如果把这些都加进去，就能加强本文的结论。

另外，本文第一次实证发现中国的汇率干预是非线性的，强和弱两个 regime 在统计上非常显著。

第三个贡献是把中间汇率制（如汇率目标区和有管理的浮动汇率制）放到 DSGE 里，分析中间汇率制度对宏观经济的影响。

政策建议方面，通过这篇文章的结论，我们认为对人民币汇率制度改革一定要非常谨慎，完全冲销浮动的汇率制不一定是最好的，某些参数空间下面，中间汇率制或汇率目标区制可能对中国来说是最优的。

此外，汇率政策和资本管制政策是互补的，如果没有资本管制政策，我国汇率政策本身对汇率波动和宏观经济的影响是很有限的，需要与资本管制的政策一起配合进行。

嘉宾点评：贸易条件外部性、冲销干预和中国最优货币政策

财政金融学院助理教授　刘泽豪

这篇文章贡献很大，现在汇率制度的研究比较偏向于两个极端，要么是完全固定的汇率制，要么是完全浮动的汇率制，实际上现在中国，包括很多国家越来越多实行的是有管理的浮动汇率制度，是居间的制度安排。从理论和实证两个角度研究这种制度对于在当今国际货币体系下的作用很有意义。对于贸易条件的外部性引入也很有意义，目前中国在世界上无论

是进口商还是出口商，体量都足够大，如果忽略这种效应，单独按传统制度研究汇率制度，也有一些偏误。

这篇文章从完全理论角度来说，自由的制度安排可以被看作对外汇或资本流入这种贸易导致的资本流入的冲销操作的成本，如外汇迅速大量流入，央行要冲销有一个成本。又如中国作为一个出口大国，放任外汇流入，而不加以冲销或干预，可能人民币会快速升值，导致我们出口受到很大打击。但如果全部冲销，因为贸易很多、规模很大，这个成本就很高。

中国的货币制度可能与世界其他国家的货币制度有一个不同，在于我国外汇占款占据基础货币的比例非常大。所以，基础货币在2006年、2007年，甚至外汇占款占基础货币程度超过了100%，达到120%，现在也有百分之六七十，中国去干预或冲销外汇的能力不一定是我们完全自愿的政策选择，很多是非自愿的，如果不做冲销操作，那经济中可能充斥着大量的基础货币，导致一些不合理的结果。这篇文章主要说的是最优选择的制度安排是什么，但可能在中国要考虑被动因素。

在理论部分可能要再进一步做一些拓展，因为中国现在制度下，不仅仅是简单的Taylor Rule能够概括国内的货币体系，如果比较简单的模式在国内货币体系下可能带来的福利损失比单纯外汇部门还要大，要多引入更加丰富的国内和国际两个模型来概括中国的问题（见图1、图2）。

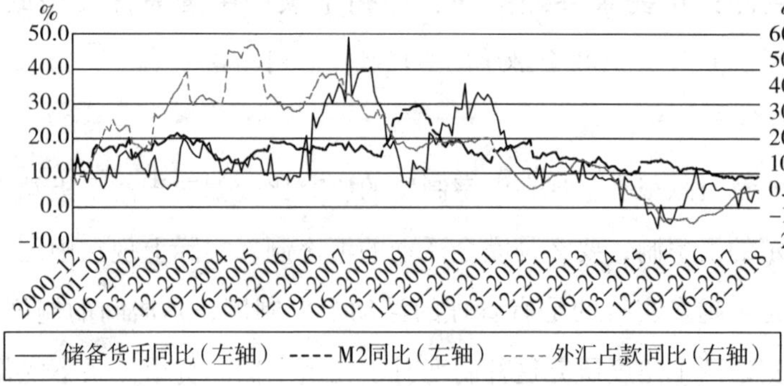

图1　模型1

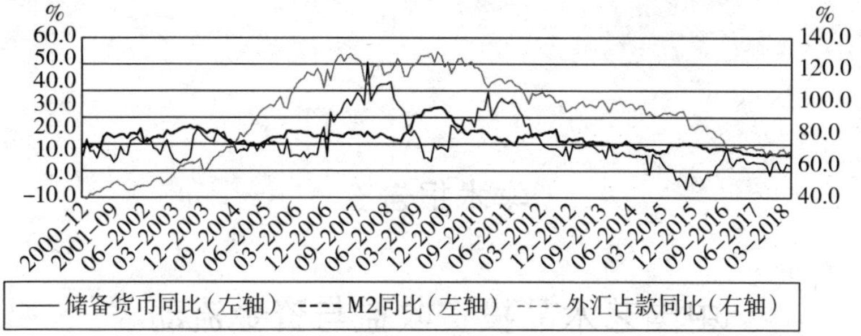

图2　模型2

图2中长虚线是外汇占款同比变化，实线是储备货币或基础货币同比变化。明显看到，2007—2009年的山峰快速上升时反而是金融危机以前央行说要从紧的货币政策时期，快速下降时期反倒是危机以后适度宽松货币政策的时期。所以，基础货币的变化可以说与银行所希望的变化方向是完全相反的，原因是它与外汇占款变化高度一致的。当时，国内货币供应更多是被动的机制，所以对于外汇货币政策或汇率政策的选择可能没有那么主动，但是M2的变化还是与央行政策目标比较一致，这主要是靠调整货币乘数实现的。

芦老师的文章里更多的是用国外负向利率政策的变化，但现在美联储更多的是加息的操作，我国要不要响应美联储加息？这里存在一定非对称的效应。因为美联储加息和降息会导致资本流入、资本留出，即使在资本账户有关情况下，针对资本流入和流出的操作可能不一样，在模型中引入非对称效果可能会有一个很有意思的现象。

贸易摩擦，会引起国内商品和国际商品的替代性发生很大变化。因为贸易摩擦的存在，更多鼓励国内商品去替代国际商品，更多鼓励国内一些企业去对冲贸易摩擦的影响，可能会增加国内商品对于国际商品的替代性，同时因为受到贸易摩擦的影响，出口替代也会导致我们与美国的贸易、与其他国家贸易之间贸易条件的外部性产生变化，这个模型相当于可以很好地刻画贸易摩擦给我们带来的影响，这是后续拓展里很有意思的一个部分。

学术报告五

中国艺术品投资收益与资金流动

经济学院教授　黄隽

中国人民大学艺术品金融研究所从2012年年底成立到现在快6年了，每年都会有年度报告，在艺术品金融这个新兴领域我们已经有了较好的影响力。

关于艺术品金融学术的文章，在国内是一个比较小的领域，但是在欧美顶级学术期刊上，艺术品金融论文不少，这也是小众但又非常有意思的一个领域。

我今天跟大家分享的是离岸和在岸市场的中国艺术品市场的特征。

最近20年，全球艺术品市场快速发展，成交额增长了456%，最高拍卖纪录在20年中增长了530%。前不久拍出的达·芬奇的《救世主》单幅作品将近30亿元人民币，这是最高的拍卖价。从2009年开始，中国的艺术品市场就跻身全球三大艺术品市场，2017年最新数据显示，中国和海外地区文物艺术品成交占到全球拍卖市场的36%。

艺术品，包括资金流动，一般会流向富裕地区和市场活跃地区，由于历史原因，海外有非常多的中国艺术品，中国文物在海外有超过1000万件。

2008年次贷危机以后，全球的艺术品市场非常活跃。艺术品是情感资产，就是一定要打动你才会去付钱。这种情感资产的特征就是说它的价格和一般商品的价格是不一样的，就是要看喜欢它的人的收入水平和欲望有多高。最近这10年宽松的货币政策、超低的利率，导致很多高净值人群涌向艺术品市场。我们看到福布斯杂志关于富人资产配置中的情况，国外的情况有5%～10%配置艺术品和红酒、老爷车等另类资产。

整个的艺术品市场是高度集中的市场，全球的金融中心、时尚中心、艺术品中心高度统一，也就是说，四个城市纽约、北京、伦敦、中国香港占据了全球80%以上的市场，而在这个核心市场最主要的拍卖场有超过全球80%以上的市场份额。

已有文献比较多的是在讨论艺术品的收益率、艺术品的指数、艺术品的资产配置效应，以及艺术品和股票市场的关系。我们主要在研究艺术品的离岸和在岸市场的价格变化与投资收益的规律。

我们会关注大中华地区中国买家和华裔买家的行为特征，也会关注第二次交易地点的变化对收益率的影响。

艺术品和股票不一样，艺术品是非标准的，而且交易不频繁，每一件都不一样，所以，它的异质性非常突出，指数方法主要有特征价格法和重复交易法。

另外，关于精神收益、情感收益、社会责任和炫耀的效应，还有艺术品市场的收益率与其他传统的资产，如股票、债券收益率之间的相关性非常低，所以它特别适合做资产配置。

这篇文章用的模型，第一个是特征价格法，选取中国书画或者书画作品一般在研究艺术品方面的特征作选取，它的指标是比较多的，如这个艺术家是在世还是去世，是有名还是没名；还有物理特征，书画作品的大小、是否有题跋，创作年代、类型、题材、形制、墨色等；还有在哪儿拍卖、拍卖成交价格等。当你把其他艺术品的特征控制住以后，我们关注的是价格和其他因素，也就是宏观因素的时间变化。

为什么用重复交易法？假如一件艺术品是2008年交易，接着在2018年再次交易，我们这10年中会看它的价格变化、它的年化收益率，换句话说，只有重复交易的艺术品才能够谈到它的投资收益，如果没有重复交易就谈不到它的交易。我们用重复交易法三阶段得出一个权重，通过最小二重法的估计，得出一个权重的矩阵，我们通过回归系数得到艺术品的收益率。

数据全部用的是拍卖数据，学术论文基本上都是这么用的，因为一级市场的画廊数据大多是私下交易，很难拿到数据，只有拍卖数据是公开的。我们选取的是2000—2017年中国书画的44万条数据。

我们做一个描述性统计，看成交量、成交均价，还有成交年份的数据，然后进行计量分析，得出结果。

总体来讲，香港有得天独厚的条件，因为香港对艺术品的关税、增值税全部是0，中国内地税收约为20%，这也影响到资金和艺术品的流动，所以从未来讲，香港艺术品市场将是一个有非常好发展潜质的艺术品市场。

嘉宾点评1：艺术品投资收益评论

财政金融学院教授　涂永红

这是一个典型的跨界研究，刚才黄老师在文章里面已经讲到，艺术品是在我们整个消费升级里面不可或缺的一个重要组成部分，也是高净值人群的另类资产，是一个资产配置里重要的组成部分。

而且我看黄老师的分析，无论是在纽约、伦敦，还是在北京、中国香港，中国字画的投资收益显然高于银行，也高于股市。吴老师总是说资本市场最值得投资了，我一直把钱投资买股票，这10年没有进展，应该跟黄老师学习，投资买点字画。因为我看到徐悲鸿艺术学院的一位老师，他现在已经去美国了，在2007年的时候，我很不懂，我看着他的作品，画了不到两个月，7月看那幅画还在，10月他开一个陆虎的车，当时陆虎的车100多万元，他说就是用那幅画换的。我就觉得，看来这个字画绝对是一个好资产，它不仅具有艺术品的性质，还具备投资品的性质。

黄老师的这篇论文，在研究的过程中很新颖地把离岸、在岸概念，本来用于货币市场、资本市场的，用于艺术品市场。的确是因为国内、国外的一些管制措施是不一样的，所以可以区分离岸和在岸。

离岸的精神特制就是自由，刚才的分析也论证了这样一个观点，就是在香港市场，关税还有资金的流动，以及投资者受到的限制更少，所以它的收益是更大的。香港可能也是中国艺术品市场最活跃的、最值得投资者去关注的一个市场。

几点建议：

第一，艺术品是作为另类资产，作为一种投资品，在考虑到离岸、在岸的时候，一定要联系到我们的货币政策、汇率波动和离岸、在岸的价差，这是在香港离岸市场对中国字画收益率有较大影响的，正好2008年、2009年里收益率是最高的，当时正好是量化宽松阶段，还有是在我国季度宽松的政策里面出现的，所以希望研究的时候把货币的因素考虑进去。

第二，把人民币国际化的因素考虑进去，正是离岸市场人民币的存款积淀，特别是在中国香港离岸市场、伦敦离岸市场，对两个市场的价格波动和收益率也是有很大影响的，这篇论文里面没有列出来。

第三，在提出的建议里面，北京和香港，特别是香港离岸市场中国字画价格的高企，其中不乏覆盖洗钱的因素。

嘉宾点评2：艺术品投资

财政金融学院副教授 钱宗鑫

这篇文章的主要内容是研究中国的书画艺术品的价格，构建了一个指数，这个指数还挺有意义的。在这个过程中，通过读这篇文章，我也学到了关于艺术品投资的知识。

这篇文章比较重要的点，是研究了香港和北京的套利，虽然我一开始觉得它是一个和我的领域相差比较大的领域，但是仔细想想，这个与国际金融学是高度相关的。其中一个非常重要的发现，后来因为时间的因素，黄老师也没有把它展开来讲，他发现第一次交易地在北京的交易品，第二次在香港交易的时候，比别的交易套利收益高很多。

我大概讲一下个人对这篇文章的一些小建议。

第一，可能这个题目改成书画艺术品会更贴切一些，因为这篇文章做实证研究的时候，它讲整个故事是基于书画艺术品去做的，而文章研究的主要对象也是书画艺术品。在我看来，这里面可以做的改进是可以把这个题目更具体一点，因为文章其实并没有详细论证书画艺术品和其他艺术品在定价、套利特征上的相似性和不同，而这与主要讲的故事没有什么关系，可以避免这个麻烦，更具体一点。

第二，文章构建艺术品的北京、中国香港、伦敦、纽约几个价格指数的时候控制了一些变量。这里有几个控制变量在不同城市的回归系数不一样，这里可以有不同的解释。这篇文章并没有解释，因为篇幅有限，讨论都放在了重要结论上面。出于我个人的习惯，虽然这只是一个控制变量，我会觉得这里面有故事，如果故事里有出现看似矛盾的地方，会引起大家对主要结论的怀疑，所以应该有进一步的解释。

第三，文章没有考虑第一次在北京，第二次交易在伦敦、纽约的套利，与北京、香港套利的比较。原因很简单，刚才黄老师关于数据的描述告诉我们，从北京买然后拿到伦敦和纽约卖的时候，整个只有两笔，没有数据。但是这里面还是可以做一些对比，文章解释说为什么从北京拿到香港收益率那么高，说是税收的因素，这里需要一些佐证，文章只有一张表，没有额外的证据。到中国香港或者伦敦去卖，税率是可以比较的，这样可以有一个新的认识。

这篇文章没有提到的地方是产生高跨地区套利利润的是有人在做监管的套利，是想避开监管做业务，具体怎么操作不展开讲了。

学术报告六

中国城市住房需求分析

商学院助理教授　赵大旋

近年来，中国房地产市场的情况可以用“三高”来形容：高房价、高住房拥有率、高空置率。

首先是高房价，这一点从各种报道中大家都可以了解到。其次是高住房拥有率。通过各种数据都可以发现，在全国范围内，中国住房拥有率已超过96%。但需要指出的是，这个住房拥有率并不代表住在自己房子里人群的比例是96%，很多人拥有房子，但其实并不住在自己的房子里。这是下面这个研究主要强调的一个问题。此外，在中国其实还有一个比较显著的现象，大量中国家庭有第二套住房。2015年的中国家庭金融调查数据显示，21%的中国家庭拥有第二套住房。最后，中国房地产市场有很高的空置率，相比其他所有经济体来说都是相对偏高的。

以上三点发现与中国目前观察到非常强劲的住房需求之间是相悖的，因为对于正常的商品来说，如果商品价格比较高，需求则是下降的。很多家庭都已经有了住房，根本没有必要再去购买这种商品。高空置率则表示供给过剩，已经足够消费了。中国城市住房市场上的“三高”现象都会直接得出城市整体住房需求应该下降的结论，但在中国经济中，观察到的是比较强劲的住房需求，很多人都称为“中国住房需求之谜”，这个研究正是试图解开这个谜。

我们从分析一个正常住房市场开始，如果不考虑其他因素，把住房看成一个普通的持久性日用品，看其需求变化如何随着价格变化。假设一个家庭在一个生命周期里都需要消费一套住房，假设这个家庭是希望能够住在一个自有住房里。这个家庭在年轻的时候受流动性约束，要先积累财富，当可以付够首付之后才会去购买住房。如果房价上升，单个家庭对于住房的需求下降。此外，住房价格上升之后，家庭需要更长时间积累财富，才能够跨过流动性约束，才能去购买住房，所以购买住房时间推迟。这样，总住房购买需求下降，如果供给还保持不变，就会把住房价格推低。价格机制在市场上起作用，重新平衡这个市场。

但事实是，在中国的住房市场上，房价不断上涨，住房需求却不断增加。为什么会这样？主要是因为住房除正常消费品属性之外，还有投资品属性，除可以提供消费之外，还可以用来对冲风险，这是所有金融产品都具备的一个特点。如果现在购买一套住房，可以用来对冲未来房价上升所引起的消费风险。

在中国市场上可以观察到的一个现象是，当房价上升之后，一些家庭没有办法购买到合意的住房，这时可能就去退而求其次购买更小的住房。这种住房达不到自己合意的需求，但是可以用来对冲未来购买住房的成本变化风险。这样一个对冲动机存在于这个市场上，就会催生大量对冲需求。

拥有对冲动机的家庭是当前无法负担起自己合意住房的家庭，他们才需要通过购买一套小一些的住房，可能并不是理想的位置、理想的大小的住房面积，只是对冲未来消费的风险。

我们的研究通过家庭金融调查的数据，提供了上述分析的证据。整个过程分成两步：第一，从数据里区分出哪些家庭是受限家庭，这些家庭暂时无法负担得起他们的合意住房。第二，观察这些受限家庭住房投资决策和非受限家庭住房投资决策有什么差别，是否更加愿意投资在住房资产上。

我们假设合意住房家庭的一些特性，是由整个生命周期里的财富决定的，这个家庭可以负担的最大住房是由当前总财富和年龄结构决定的，因为当前财富和年龄决定了银行可以给你贷多少款。这样，我们可以观测到的家庭实际居住环境就是合意住房和最大可负担住房之间比较小的那一个。

根据这个假设，我们可以估计出在样本里每个家庭最大可负担的住房和合意的住房。另外，根据他当前的居住情况，用合意住房减去当前居住环境，就知道这个家庭是否已经达到了合意的居住条件，如果没有达到，差距还有多大。我们知道了他的最大可负担住房，也知道他的合意住房大小，就知道这个家庭当前是否能够负担得起合意住房。研究发现：第一，在 2013 年、2015 年样本里，有 64% 的家庭并没有居住在当前合意住房里，也就是说，实际居住环境与合意住房相比是不足的。第二，在整个样本里，46% 的家庭负担不起合意住房。很多人觉得这个比例偏低，我们的解释是，房价上升之后，家庭合意住房需求下降了，但是仍然有 46% 的家庭负担不起合意住房。

我们把整个样本分成两部分：一是负担能力受限的，即负担不起合意住房的家庭；二是负担能力不受限的家庭。我们观察这个家庭购买住房的决策，如果当前居住环境不能满足合意居住环境，就会有动力去购买一个住房来满足他的居住愿望。我们的研究集中在 2013—2015 年家庭的购房决策，如果这个家庭在 2013 年时住房短缺，其财富增加之后，就会把财富放到购买住房上。我们首先可以看到如果一个家庭在 2013 年拥有的居住条件比合意居住条件差，当财富增加时就会倾向于购买住房资产。但这不是我们主要感兴趣的内容，我们感兴趣的是这个家庭支付能力如果受限，就会更加愿意去配置住房资产。

我们把样本分成两部分：受限家庭和不受限家庭。我们发现对于受限家庭，当财富增加时，他们更愿意把自己的财富配置到住房资产里去。但是大家觉得这种说法并不能说明刚刚说的对冲动机的问题，购买住房资产可能是自己需要居住，受限家庭更需要提升自己的住房条件。但在中国有一种特殊的住房资产，非自住的住房资产，也就是说，这个家庭当前并不居住在这个房子里，只是单纯地拥有这套住房。这个住房资产纯粹是金融产品的属性，是投资品。

我们分析了如果居住环境没有达到期望，看哪种类型家庭更愿意投资一个非自我居住住房。发现对于所有受限家庭来说，如果当前居住条件没有达到合意水平，更加倾向于购买一个不是自己居住的住房，表明他当前所投资的住房并不能满足消费需求，纯粹是用一个非自我居住的住房来对冲未来消费的风险。

住房资产分配，就是总财富分配多少钱到住房资产里去，我们发现家庭总资产在住房资产中的配置与家庭的支付能力是成反比的，也就是说，这个家庭支付能力越差，在住房资产上配置的财富越少。

一系列经验证据表明，中国现在住房市场随着房价上涨所产生的巨大住房需求，在很大程度上是因为中国很多城市家庭支付能力受限。在这种情况下，越是房价上涨，越有动力配置住房资产，从而抵消未来消费的风险。

嘉宾点评1：关于住房消费的流动性约束

商学院教授　况伟大

我理解这篇论文的写作动机，作为住房消费者，为了未来能够买到房子，考虑到未来房价上升的风险和购房成本，想早期把房子买下来解决未来的住房消费问题。实际上，早买比晚买好，买房不要“输在起跑线上”。

（1）根据产权选择理论，如果要解决住房消费问题，要么通过买房解决，要么通过租房来解决。本文涉及买卖市场和租赁市场，两者的边界在于住房使用成本和租赁成本（也就是租金）之间的比较，如果住房使用成本低于租金，对消费者而言买房比租房合适，如果倒过来，则租房比买房合适。

如果房价增长率非常大，对住房成本具有冲减作用，在中国，房价增长率比较高，对中国很多住房消费者而言，买房比租房能够更好地解决住房消费问题，这是一个前提条件。

在这个前提条件下，要通过买房来解决居民消费问题，而不是通过租房。什么是住房消费？通常买第一套房或自住房涉及住房消费，买两套及以上是住房投资。在中国，进一步放宽了住房消费定义，第二套房属于住房消费，从严格意义上来讲，通常除自住房之外，其他房都属于投资性住房。当然还可以更严格，第一套房也属于投资性住房，因为统计时也不作为住房消费。如何界定住房消费和住房投资？有严格的定义。

（2）赵大旋老师的这篇论文是流动性约束问题，因为住房消费者现在买不起房，但有住房消费的需求，为了解决这个问题，消费者先买一套或较小或不是很合意的，为了防止将来房价上升给消费者带来成本增加的风险。

关于实证分析：第一，因为未来房价变动引起提前买房，希望在论文中能够体现未来房价变动的预期。第二，因为要对住房消费和住房投资准确测度，最好用第一套房而非总房子数量或总房价来表示。第三，可能从住房消费行为、买房行为和需求之间找到比较好的工具变量。我能想到的是将供给弹性这样的工具变量作为比较好的住房消费短缺或需求短缺的工具变量。

嘉宾点评2：房租对市场的影响

财政金融学院副教授　刚健华

文章探讨了一个有现实意义、符合市场直觉的问题，提出了避险是价格形成机制中的重要因素。避险是指价格进一步上涨的风险因素，此因素能够推动预算约束下的中国家庭进一步购买房产。此结论适用于在价格进一步上涨的条件之下，会有更多的家庭受到避险因素的影响，因而会进一步推动更多居民将财富分配至房产购买，形成中国住宅商品房价格的上涨螺旋。很显然，这种上涨螺旋是不可持续的。文章中揭示的这一点，符合目前的市场现实，在理论上比较有说服力。大多数学者在看房地产文章时使用客观统计数据，而赵大旋教授用的家庭调查的数据比较新颖，通过微观层面的数据更能推陈出新。

文章结论符合微观层面计量证据，一些相应文献基本上与本篇文章存在共性，泡沫的过程其实是比较复杂的。

此问题意义重大。自2009年第一季度到2016年第一季度，房价除以租金形式呈现出上升趋势，反映的是即使有多轮调控和限购以及在金融杠杆受限的情况下，中国房地产住宅价格、商品房住宅价格基本上没有大幅变化。

从CPI增长率和房租增长率来看，除广东省以外，其他省份的月度房租增长率超越CPI达到了2~3倍，可见此问题亟待解决。

近年来，房租对市场的影响很重要，尤其在限购之后，租赁市场开始膨胀。由此引发了对这篇文章的思考，即能否想办法把房租问题考虑进去？两个市场之间的均衡状态是否存在？或者限购之后的房租对既有的理论有哪些挑战？

我们曾在微观层面数据基础之上尝试做过类似的研究，看到它是一个对基本面反映不足的情况，并非一个过度反映的状态，这本质上可能是一种避险行为，并非一种纯投机行为。

建议：①数据结构能否再讲清楚一点。②原始数据抽样分布是否合理。

学术报告七

金融视角下的中国崛起：概念、条件和战略

重阳金融研究院研究员　卞永祖

重阳是一家智库，我们的研究是关于宏观和政策方面的。我演讲的是“金融视角下的中国崛起”，主要讲金融和国家的关系。

在现代西方理论中，对金融的研究往往聚焦在对经济发展的作用方面，认为要素禀赋不仅决定产业结构、贸易特征和企业规模，而且决定了最优的金融结构，没有从金融对国家整体实力的巨大促进作用角度展开，从而忽视了金融对一个国家发展所具有的强大推动力。

学者对于“世界强国”执行其国家战略的时候，主要集中在“硬实力”和“软实力”的研究上。比如保罗·肯尼迪的大国兴衰论主要讨论了经济与军事的动态关系及其对国家兴衰的影响。沃勒斯坦的现代世界体系理论强调经济是决定大国兴衰的主要因素，而战争是世界强国保持经济优势地位的最终手段。约瑟夫·奈提出了“软实力”的概念，认为随着全球化的发展，科技、文化和意识形态方面的实力可以独立于军事实力在国际舞台上发挥越来越大的作用，这些新的、不同于传统军事实力的实力要素构成了软实力，其对一国最优国策的选择必将产生重大影响。

虽然西方学者研究较少，但是西方国家的战略家却对此比较重视，基辛格有一句名言，“谁掌握了货币发行权，谁就掌握了世界”。从历史角度

来看，历史上的世界强国都是金融强国，如荷兰、英国、美国，可以说无一例外。

17世纪被称为荷兰世纪，荷兰最多的时候80%的财政收入都被投入到军事，它是怎么做到的？我个人认为，重要因素就是荷兰有非常强大的金融系统及金融创新，包括强化国家信用，建立阿姆斯特丹银行、证券市场，这些都为荷兰军事扩张提供了源源不断的融资。我们看到，当时荷兰的人口和规模只有法国的1/10、英国的1/3；国土面积只有法国的1/13、英国的1/6，但是它强大的金融体系使荷兰成为当时的世界霸主。

17世纪后半叶的时候，英国的金融体系已经完全超过了荷兰，包括金融机构、金融市场的规模等方面，更重要的是，把英镑提升到了国际货币地位。英国在很多方面继承了一些荷兰的经验，也创建了一个非常强大的金融体系，并借此在英法战争中战胜法国，奠定了世界大国的地位。

美国的崛起及世界霸主地位的保持与金融的发展有着千丝万缕的联系，直到现在，美国仍竭尽全力地维持其在国际上的金融优势。即使2008年爆发于美国、蔓延到全球的金融危机给全世界都带来了重大影响，但是美国恰恰在金融危机之后更快地进行复苏，美国正是依靠自身强大的金融霸权，能够从世界范围内抽调资源帮助本国国内经济迅速恢复，摆脱经济困局。这也充分证明了金融对于美国维持世界强国地位的重要性。

这并不让人意外，一个国家的强大不仅表现在能够有效动员其疆域内的人力、生产能力和自然资源方面，而且突出地表现在能够在不同程度上动员域外的人力、生产能力和自然资源为其服务。随着全球化的快速发展，现代金融体系的重要作用日益凸显，金融正在逐渐成为一种非常关键的国家能力。可以说，相较于其他手段，金融方式更为高效，常常能够以较小的成本撬动大量的资源。

目前，关于金融在实现国家战略目标中所起的作用的研究非常少，而且不成体系。我们提出了科技强国、军事强国、海洋强国，但是从来不提金融强国。

21 世纪以来，经济全球化正在向金融全球化快速演变，并且高潮迭起，世界经济格局变化很快，国际金融中心发展迅速，金融机构全球化布局包括海外并购重组频繁。

不过，对于世界经济格局的变化我们需要加大研究，金融全球化所带来的深刻变化并没有引起我们足够的重视，虽然我国的一些银行已经在“走出去”，但是整体上金融业国际化落后，金融企业“走出去”的积极性较低，主要原因还是国内存在巨大的机会，缺乏“走出去”的动机。

发达的金融体系也是信息聚集中心。居于金融中心的经济体能够较其他经济体更及时地掌握真实信息，控制和传播这些及时有效的信息流，能够帮助包括国际金融市场在内的各种舞台取得话语权。尤其随着人工智能的发展，研究方式也发生了变化，图灵奖得主、关系数据库的鼻祖詹姆斯·尼古拉·格雷在其人生的最后一次演讲“科学方法的革命”中指出，当前的研究模式已经进入第四范式阶段，即“大数据 + 机器学习”，挖掘数据价值，提供决策研究参考支撑。我国缺少有国际影响力的金融机构和国际金融中心，也让我们在金融全球化的进程中落后了。

另外，互联网时代给传统金融带来了冲击，金融舆情尚没有好的应对策略，而它对一个国家的威胁包括政治、军事、经济、金融、国家战略等各个方面。围绕金融信息的产生、采集、加工、传播、使用、监管等不同环节，形成了庞大复杂的生态系统。会计师事务所、投行、交易所、金融信息服务商都扮演着重要的角色，而我国在这方面的建设还相对落后。

由此，我们可以看出，金融对于一个国家而言具有重要作用。

首先，金融是执行国家战略的“软实力”，也是“硬实力”。其实，对于“世界强国”来说，金融手段在执行国家任务时既可以充当“硬实力”的助推器，又可以成为“软实力”的重要手段。比如战争中顺利发行国债、调动国内外资源支援战争，就是金融手段充当“硬实力”助推器的生动例子。援助等方式是扩大国家影响力的重要手段。可以说，金融正在成为一个国家尤其是“世界强国”发挥影响力的关键手段。

其次，金融是成为现代世界强国的必要工具，也是现代国家博弈的直接工具。金融凭借其高度的信息化及与人类经济活动的无缝对接，天然地成为综合国力的发展和渗透的载体，因而金融与世界强国的关系可谓相辅相成、互为表里，也成为世界强国天然的博弈工具。比如可以通过金融安排改变国内经济结构，并影响其他经济体相应地改变经济结构，形成以“我”为主的全球供应链体系。

再次，金融是国家实力的倍增器。通过金融工具调动国内外资源，服务于国家长期战略发展目标，金融可以加速国家实力的增长。比如稳定的长期经济增长、技术进步，以及关键性的产业升级。同时，当一国拥有强大的金融体系时，为了经济利益，其他国家的经济行为主体也有意愿借助该国的金融体系实现其金融目标。比如17世纪荷兰依靠荷兰东印度公司的巨额殖民贸易以及发达的金融系统，帮助其成为世界贸易和金融霸主。

最后，金融是国家实力受损时的缓冲垫。当未被充分预期和防范的风险发生时，通过金融工具调动国内外资源，有序调整相关经济金融活动，从而避免社会经济无序破坏性调整，减轻国家实力受损的程度，是金融保障功能的具体体现，可以避免引发更严重的经济危机和社会危机。

当然，比较有影响的理论，如金融加速器理论认为金融活动对经济周期存在正反馈机制。但仔细分析，对于拥有强大金融体系的国家和没有强大金融体系的国家，金融活动发挥的作用不同。对于前者，往往能够抹平金融危机带来的损失，对于后者却恰恰相反。

从这个角度来看，我国在金融体系中一定要重视金融的作用，要把金融强国的目标提出来，同时我们要客观研究和认识当前的金融实力。不过，当前我国的金融体系更着重于事后弥补，不适应当前金融全球化的需要，可以借鉴 SWOT 的分析思路对此进行分析，如从优势来看，我国的经济规模大、增长快。

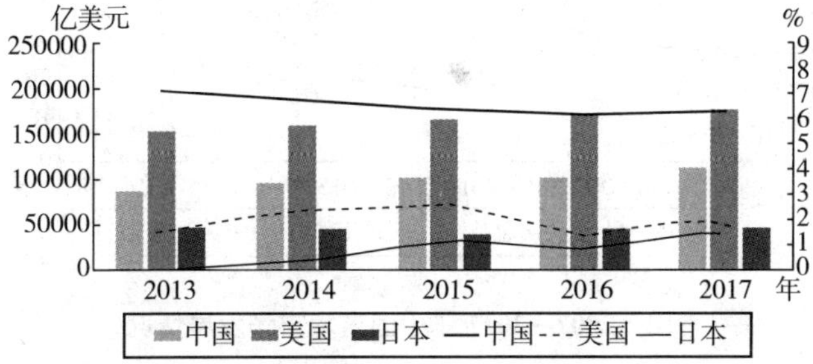

图 1　2013—2017 年中、美、日 GDP 总量与增长率

从图 1 中可以看出，其实在 2013—2017 年，中国和美国的差距有缩小的趋势，领先日本的趋势很大，我觉得庞大的金融基础是经济发展最大的基础。另外，我国的金融业在不断壮大，图 2 是中国银行业的发展趋势，中国银行业的资产增长非常快。图 3 是我国资本市场的发展情况，无论是上市公司还是市场规模，都有一个比较快速的扩张。

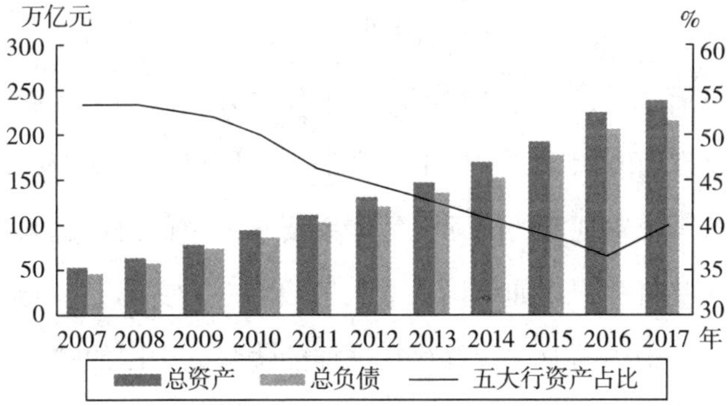

图 2　2007—2017 年中国银行业发展趋势

从劣势来看，我国的金融基础设施建设、中介机构有待提高。我们看到一些相关的法律法规有待完善，监管有效性需要提高，需要看到，我国金融政策的连贯性还有待提高，很多金融政策变化较大，对企业来讲存在

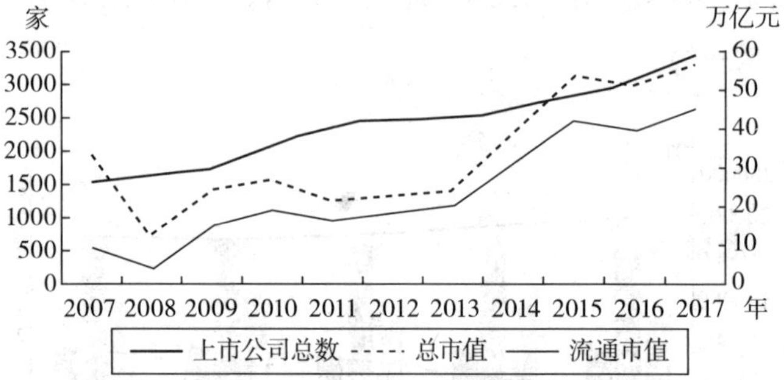

图3 2007—2017 年中国资本市场发展情况

困惑。另外，我们比较缺乏金融人才。这是2017年对国际金融中心的评价。其实，我们看到中国的金融中心，如上海、北京、深圳，都有相对落后的地方，并且有很大的提升空间。金融结构存在一定程度的失衡，我们看到资产机构有大量的货币资产，银行贷款占了绝大部分，有很大的改善空间。还有一个劣势，国际金融的话语权相对较低，人民币国际化的加快就是人民币在储备资产里的份额不断提高，但还是远远低于美元和欧元的比例。中国在IMF或者世界银行里的话语权，经过扩充以后有所提高，但是与中国经济占世界的比例还是有差距的。

从机遇方面来看，一是现在国际金融体系存在缺陷，我们知道现在国际金融体系是在西方国家的主导下产生的，中国以及一些新兴国家经济体的崛起，这些国家对现实的国际金融体系要求改革的决心越来越大，这方面中国存在一些机会，比如中国成立的亚投行、世界银行、IMF的资金来源都相对短缺，中国的亚投行就存在这样的优势。中国的“一带一路”也获得了越来越多的响应，所以国际合作地位也会有所提升。二是金融科技已经处于世界前列，我们知道中国尤其是互联网金融的发展远远快于世界其他国家。花旗银行的报告显示，2016年前9个月，中国在金融科技领域的投资约为90亿美元，占全球比例的一半左右。尤其中国在电子支付方面有三大优势，从规模上来看，中国电子支付的规模领先于其他国家，占全球的50%，在互联网信贷领域，中国市场规模约占全球规模的75%。根据毕马威2016年发布的一份报告，在全球最具创新力的前五大金融科技公司中，中国占据四席，占得先机。

从威胁方面来看，金融乱象仍然存在。网络信贷平台方面，这里的乱象还是比较多的。国际金融形势面临不确定性，图4为美元兑人民币的中间价的走势，这段时间人民币的浮动是加大的，对人民币会有恐慌的情绪。金融舆论风险不可忽视，金融舆情会对经济安全、金融安全、政治安全、国家战略构成较大的冲击，我们目前缺乏应对金融舆情的机制和管理方法，这也是我们面临的一大挑战。

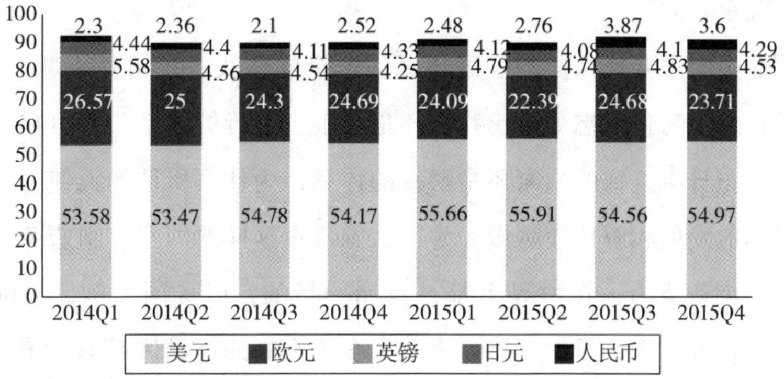

图4　美元兑人民币的中间价的走势

金融对一个国家崛起起着非常大的作用，在这里，中国应该用好金融的规矩。中国的金融体系还面临非常大的短板和威胁，我们要想办法解决这些短板，消除一些威胁，从这方面来讲，主要有以下建议。

一是要站在世界的角度、国家的高度建立金融窗口的战略，有这个战略之后我们会更清晰，如汇率问题、金融创新问题、金融科技问题，我们把金融战略和窗口战略结合在一起会更好。

二是加强实体经济的建设。

三是加强基础设施的建设。

四是加强金融科技的创新，实现金融行业的跨越式发展。目前的国际体系是在西方主导下建立起来的，但是金融科技的发展很有可能对未来规则有所改变，我们要在这方面占领先机。

五是加强国际金融合作，扩大人民币的国际化进程。

嘉宾点评1：中国金融体系

中国经济改革与发展研究院教授　张杰

金融是事关中国整个经济发展最关键、最基本的一项制度，对中国经济是至关重要的。

到底中国需要什么样的金融体系？这个问题我们搞清楚了吗？没有。我最近在想，为什么迄今为止我国还是一个主银行的体系，我也在想为什么迄今为止日本这样的国家还是财税的体系，为什么所谓的天使、私募基金在日本的发展相对比较缓慢？为什么像日本这样的国家，制造业实力和整个自主创新能力，在世界上都是首屈一指的？以美国为例，美国的私募、天使很好，有大量的支持，为什么在这么好的金融体系下，美国的制造业会衰弱呢？我总想中国到底该发展什么样的金融。我自己从事银行业12年，一直在思考这些问题，除了一些久远的问题，对中国当前的体系改变应该发展两种并行的金融体系。

一是针对制造业关键核心技术，突出与基本的需求相匹配的金融体系，就是中国制造业关键核心技术的突破到底是什么特征，这些行为至少都需要10年以上的“烧钱”行为，甚至更长时间，整个金融体系才能与这个最基本的需求相匹配。

二是创新和创业需求，这两种看似是并轨的，实际上是不并轨的，是冲突的。在我眼里，满足第一条的思路是什么？大力发展具有直接融资功能的专业化的地方性中小商业银行体系，为什么这么说？这个问题我想了很久，也想了很多，为什么第一个要强调直接融资，还是以间接融资为主的银行体系根本不可能有制造业？从短暂的需求来说，这些都需要很长的周期，所以根本不匹配，要从根本上解决这个问题。为什么是地方化的专业化？我看到很多地方的商业银行，还没有把自己的问题解决掉，总觉得到这个地方是一个市场，不想与本地区的产业、制造业、社会经济需求相匹配，就是不想着改变自己风险识别的方法，总想着到别的地方弄一笔钱，如果你不能与地方的经济和产业共存亡还有什么意义？什么专业化？很多银行总是怀着一种实业银行的阶段性思维，就是针对制造业产业，我跟它们一起成长，全流程地挣钱，聪明的做法就是从初始到最后全部提供服务，获取长期收益，包括一些短期的波动收益。

综上所述，中国金融想要真正崛起，如果不能支撑自己制造业和服务业的崛起，是没有价值的。

嘉宾点评2：金融强国及绿色金融

重阳金融研究院研究员　曹明弟

第一，关于世界相关金融强国的发展情况，他主要分析了金融对世界和强国发展的助力作用。第二，他分析了中国发展金融强国的机遇、挑战和威胁。第三，他对中国加快金融强国的战略提出了一些建议。

他提出这个研究题目非常有必要。我个人是做绿色金融的，绿色金融在中国是从2015年开始快速发展的，中国绿色债券从2016年年初开始发行，当年的发行量就成为世界第一。绿色金融也纳入了G20峰会议题，连续三年的G20峰会，都让中国作为G20绿色（可持续）金融研究小组的主席国之一，体现出中国绿色金融已经走在了全球前列。但是中国的绿色金融还不够强，具体表现在哪里？最典型的是绿色债券，中国人民银行推出的绿色金融债券标准，支持煤炭的清洁利用，我认为这是适合中国国情的；但是西方各国认为，为应对气候变化应该完全禁止煤炭的利用，从很多渠道和层面要求中国进行修改，提出新修改的中国绿色债券标准要把煤炭从绿色债券项目支持目录中去除掉。我个人认为，根据中国的国情和产业发展情况，还是要继续保留绿色煤炭清洁利用。虽然中国近几年新发行的绿色债券在世界上的规模排名第一，每年都发行2300亿~2400亿元人民币，但在标准方面受到西方各国很大的压制。在这方面推动建设中国绿色金融强国非常有必要，包括标准制定。

对于这个报告，有两个方面的建议。

第一，荷兰、英国、美国成为世界强国，或者成为金融强国，它们各自的路径是什么？我国在加快金融强国的战略里，是不是可以学习一些它们的套路，英国取代荷兰，很重要的一点是推动英镑的国际化；而美国取代英国，除美元的国际化之外，还建立了国际货币体系，包括布雷顿森林体系、IMF国际货币基金组织、世界银行等。现在，中国要发展成为世界金融强国，一个方面要推人民币国际化，是否可以另辟蹊径？这可能是需要研究突破的地方。

第二，在绿色金融方面，比较突出的问题是价值观的培养。绿色金融的发展，很多是关于解决环境外部性的问题。我们2016—2017年学年在人大财金学院金融专业硕士中设立了全国第一个绿色金融方面的研究生方向，但是2018年这届绿色金融方向的专业硕士毕业之后大多没有从事绿色金融方面的工作。刚才张杰老师说，金融要服务于什么？金融要服务于实体。教育这一块更多需要纠正或者更深入地明确金融到底为什么实业服务。还有很重要的就是金融理论创新和工具创新，这样我们才能更好地解决，如绿色金融涉及的环境外部性问题，通过金融的方式解决或者更好地促进环境外部性的解决，更好地让金融服务实体经济，让更多的人才愿意到绿色金融或者相关领域工作。

学术报告八

国有企业和资本错配

财政金融学院助理教授　朱文宇

关于国有企业在市场经济中扮演的角色，很多文献已经讨论过了，既有正面的，又有负面的，特别是近几年，宋铮老师与他的合作者2011年在*AER*上发表的一篇题为"Growing like China"的文章，认为中国的增长模式是与西方传统模式不同的一种新的制度选择。

这里，我们主要讨论，无论是国有企业还是私有企业，我们应该看其达到有效的资源分配、有效的资本分配。这里要提到关于资本分配或错配的一些文献。文献中指出，资本错配主要来自两个方面：①由于政府的治理，政策、政府行为带来的资本错配；②市场不完整、市场有效性，包括垄断等带来的资本错配。

在现有文献中如何检测是否存在资本错配呢？①通过结构模型，在模型上构建出一个最优的资本配置，用这个最优的资本配置计算出最优的产出水平，把最优的产出水平和现在实际产出水平作对比，如果这个最优产出水平高于实际产出水平，就存在资本错配。换句话说，产出本来可以更高，但现在没有达到那么高的水平，说明存在资本错配。这是理论上的讨论。②实证上思路比较简单，直接把投资行为或资本配置行为与公司层面、产业层面、国家层面的一些变量进行回归，如边际产出、TFP或者托宾 Q。如果相关性比较高，说明资本配置的效率更高。

那么，现在研究有什么问题？从理论上说，计算出的理论最优资本配置，在很大程度上取决于模型设置，所以，这里有很多值得探讨的问题。从实证上来说，托宾 Q 能否准确地衡量这家公司是不是一家好的公司？比如最近有一篇 NBER 的工作论文，研究在大型国有集团公司内部、不同子公司之间，是否存在更多资金流向托宾 Q 较高的子公司的现象。其中有一张图，展示在一家大型国有集团公司内部，托宾 Q 最低的就是专营房地产业务的子公司。因为房地产行业又是一个资本密集型行业，所以更多资金流向了托宾 Q 较低的子公司。这应不应该被认为是资本错配的证据？是不是因为房地产行业这两年收益较高？所以，又回到我们刚才提到的问题，托宾 Q 到底是不是一个很好的衡量公司发展状况的指标？另外，现在的实证研究往往很难观察到投资层面的数据，如每项投资的投入和产出，到底这些投资回报是高还是低，在实证文献中很难看到。

这里我们找到一个比较清晰的研究框架（Clean Setting）。我们用中国房地产行业的公司投资层面的数据来研究资本配置。为什么说这是一个比较清晰的框架？因为房地产投资相对于其他行业来说比较简单。在其他行业的公司有不同类型的投资，如科研投资，还有一些关于生产的投资，我们很难衡量这些投资回报的高低。现在文献中很重要的一个内生性来源，就是公司本身能力的差异。当一项投资并没有取得很高的回报时，我们不知道到底是因为公司本身能力有差异，还是因为项目本身有一些问题。在房地产行业就比较简单，因为在中国的土地投资市场，公司可以决定的东西非常少，土地面积、用途、容积率等指标都是由国家事先设定的，公司唯一要看的就是有没有足够的资金投资这个项目。这个研究框架也非常丰富。房地产市场主要分为一线、二线、三线、四线城市。如果我们看土地价格和房屋价格的变化，不同的市场在过去 20 年经历了非常不同的变化。同时，政策上也有一些冲击。如 2008 年、2009 年的财政刺激计划，国有企业在其中更加受益。再如，在2010年之后，政府陆续在一些经济过热的城市推出一系列限制房价的政策。这是一个非常丰富的框架，在这样的框架下，我们用投资层面的微观数据研究国有企业和私有企业资源配置及资本错配问题。

首先我们来看一些简单的证据。我们把国有企业和私有企业的项目投资画在一张密度分布图上，发现在投资项目金额上，国有企业明显大于私有企业，整个分布是更靠右的。如果我们把所有项目按金额大小分到100个格子里，然后在每个格子里计算国有企业和私有企业占比，可以发现从金额最低到金额最高的投资项目，国有企业占比在不断增加，这是很明显的X形交叉。随着投资项目规模的增加，私有企业占比在不断减少。

公司的数据主要来自万德和国泰安。我们的研究包括所有在上海、深圳和香港上市的地产企业。我们控制了与文献中一致的变量，其中我们还控制了公司总部所在城市（省）。土地投资的数据主要来自中国土地市场网、中指研究院、万德和国泰安。样本是2003—2016年，基本覆盖了过去十多年土地价格和房屋价格上涨的周期。在投资层面有很多变量，包括土地面积、投资金额等。我们还通过地理信息软件计算出每个地块离市中心的距离。土地用途也是我们的控制变量，我们去掉了工业用地，因为价格形成机制不同，样本中主要包括商业、住宅和商住混用的土地，我们也控制了不同拍卖方式（招拍挂）的因素。

接下来，我们来看不同所有制企业投资和资本分配的差异。在传统的投资回归模型中，通常等式左边是投资量，右边是公司层面变量和一些控制变量。因为有丰富的微观数据，我们在传统投资模型回归中加入一些投资层面的控制变量。回归结果表明，国有企业项目层面的平均投资量显著大于私有企业，在我们控制所有公司层面和项目层面变量之后，国有企业平均投资规模比私有企业高13.4%左右，这个差异对于央企特别显著，达到19.43%。

下面我们讨论企业在不同市场间的资本配置。我们计算国有企业和私有企业在不同市场（一线、二线、三线、四线城市）投资份额的特点。我们发现，国有企业在高增长、高回报的一线城市和二线城市的投资（包括总投资金额和项目数量）显著高于私有企业，在三线、四线城市的投资显著低于私有企业。一个很自然的问题就是，什么因素可以解释不同所有制企业跨市场间资本分配的差异呢？换句话说，国有企业为什么可以在高增长的市场花费巨资买这么贵的地？我们接下来讨论国有企业的优势。文献中对这个问题有很多讨论，如国有企业有更低的融资成本、存在预算软约束等问题。我们把这种优势分为显性因素和隐性因素。显性因素，如企业融资成本、企业获得贷款金额以及贸易信贷；隐性成本，如企业在总部所在地投资时具有的一些信息和关系优势。

首先测试显性优势，即与融资相关的优势。我们发现无论是央企还是地方国企，国有企业融资成本都显著低于私有企业在贷款量上，央企获得的贷款量显著高于私有企业。我们并没有看到不同企业在非常规融资渠道如贸易信贷（贸易信贷这里指的是企业应付账款）方面的差异。为什么要看贸易信贷？因为很多文献中提到应付账款融资在中国是一种非常重要的融资渠道。接下来，我们还讨论了 2008 年年底、2009 年年底的财政刺激计划，因为文献中发现财政刺激计划对国有企业有很明显的倾斜。我们的逐年回归结果发现，在 2009 年之前，国有企业和私有企业融资成本并没有非常显著的差异。2009 年之后，国有企业融资成本显著低于私有企业，这也间接说明国有企业相比私有企业在财政刺激计划中获利更多。对于国有企业隐性优势，国有企业特别是地方国企更愿意在企业总部所在地进行更多资源配置。

这种资源配置的现状是否存在资本错配？这是我们最后要讨论的问题。首先，我们作了一个简单预测，按照目前国企和私企投资的情况，我们用城市和地块用途层面的地价增长率进行预测，国有企业在这些土地投资上的收益应该是显著高于私有企业的。

但实际上，我们通过回归发现，国有企业和私有企业净利润在2010年以前没有明显的差异，但是在2012年、2013年以后，国有地产企业的净利润显著低于私有地产企业。这与我们之前的预测不符，这说明在公司间存在资本错配的现象，低融资成本的国有企业效益反而更差。

接下来，我们看公司内部是否存在资本错配。也就是说，研究公司有没有“把钱花到刀刃上”，有没有把资金投资到收益比较高的项目里。我们利用了这里2010年之后政府在不同城市的限购政策来研究这个问题。这里主要讨论在不同市场进行限购之后，不同企业是否作出了合理的反应，相应调整了它们的资本配置，因为限购政策可能会减缓未来这些城市地价和房价的增长。首先，通过三重差分的分析，我们发现，在限购之后，国有企业与私有企业相比，在限购城市的投资更多了。这显然是不合理的。那么收益呢？我们用每个项目最后卖房的收益率，通过每家公司每年的加权资本成本（WACC）进行折现，计算出每个项目的净现值（NPV）。其中，权益资产成本（Costofequity）是用CAPM模型进行估计。我们发现，在限购政策出台后，国有企业在限购城市的收益并不理想。这与它们在限购城市更大规模的投资是不匹配的，这就是所谓的企业内的资本错配现象。

最后，值得一提的是“国进民退”的问题。我们发现，房地产行业国有企业总资产的占比在2013年之后显著增加，从40%增加到了60%。而国有企业总利润在行业内的占比非但没有增加，反而有所减少，这说明国有企业在这个行业内的效率并不如私有企业。

嘉宾点评1：所有制与资源配置问题评论

经济学院副教授　李三希

这是一个在中国非常古老的话题，所有制与资源配置的问题，在中国争论了很多年，最近才由习近平总书记定性。

这篇文章从房地产行业试图为这个问题提供一些新的证据，讨论国有企业与民营企业到底哪一个更有效率，资源配置是否会发生一些错配。

这篇文章很重要的贡献是详细讨论了资源配置的机制，包括资本错配的后果，优点是写得非常扎实，实证功底非常强，解释得很清楚。

问题是：我觉得这篇文章更需要突出的亮点没有得以凸显。我们讲国有企业和民营企业时，一般会提到两个问题：一是资源在国企和民企之间的配置，可能由于国企性质导致更多资源配向国企，这是整个社会总资源在国企与民企之间的错配。二是很多文献讨论国企内部管理的无效率导致资源在国企内部配置不当。这两部分是独立的。可能由于外部对于国企资源上的倾斜会导致国企内部资源配置上的无效，也就是说，从外部到内部可能会形成一个渠道，这是这篇文章的一个亮点，但是在读的时候，需要特别强调。

说一个老生常谈的问题，这篇文章的研究结论对于中国以外的其他国家有没有普适性的建议？

文章中还有小模型，这个模型其实可以去掉，虽然我自己是做模型的，因为那个模型与实证衔接得不是很紧密，讲的是市场是如何配置资本的，而这里讲国企和民企，很多时候讲的并不是市场配置资源的内容。

嘉宾点评2：对资本错配研究相关问题的思考

经济学院教授　孙文凯

这篇文章研究的问题非常重要，资源错配是近10年来比较火的一个话题，作者只是针对一个行业，选择了房地产行业，而不是对所有企业进行估计，更有针对性。但从方法论上来说，目前作者提到一些识别策略，作为一家国企或中央地方亚变量来识别，一些固有因素到底如何才能消除？还是简单回归为主，但是作了很多机制性讨论，实证上也验证了一些显性、隐性的路径，如刺激政策强化影响、政治关联等，这些结论与我们看到的事实比较一致。

问题1：上市公司数据的发现能否代表全国？

统计年鉴能够看到，在房地产行业里，国有企业和全部行业占比、企业数量和从业人员占比下降非常明显。如果只是从上市公司来说，可能朱老师看到的是上升的，从全国总体来看是否一致？如果有区别，对结论有没有致命影响？所以，这在讨论时要说明一下。

问题2：简单回归的因果关系识别。

国有、私营所有制性质结果差异，导致国企投资在一线城市较多，在三线城市就较少，如何证明这个结论？这是现在回归分析控制一些常用的指标，也是最重要的指标，大概说明相似，国企融资成本低，国企在一些地方投资得高。

一直是私企或一直是国企的DID显示的差别，有没有属性发生改变的，做真正的DID，所有制的变化是否可以考虑。

现在虽然使用了资本密集型房地产行业，但能否找到一个摆事实的完全没有任何融资约束的行业？2008年以后，投资是国企的多了，但是这个原因说不清楚，也可能来自自身行为上的差异。真的有资金约束，对国企的约束较小，对私企的约束较大。另一个是完全没有约束，也是国企和私企，这两个变化趋势和房地产需要钱的变化趋势可以识别一下外在约束是否真的在起作用，可以找这样一个 DID 的识别。

问题 3：是否有其他机制或测度方式？

国有企业是否都是大集团的子公司，有背景、有抵押、有担保，更容易融到资？那样如果是，就是合理融资能力更强的，最后要落实到政策建议或其他衍生讨论时，要分析哪些是合理的，哪些是不合理的，哪些是可以改变的，哪些是不可以改变的，哪些来自内因，哪些来自外在因素。这些分类的讨论可能需要更多证据来提供更多的信息。

一般涉及资本错配研究时会提到针对资本错配能导致多大的效率损失，朱老师的文章中提到由于国企投入多、效率低，能否以融资额、效率给私企，整体效率会提高多少这样的结论来收尾？

闭幕致辞

心态、故事、素养

财政金融学院学术委员会主任、教授　张杰

这是我第二次参加咱们的年会了，我们先说优点，今天有很多高屋建瓴、框架性、逻辑性的趋势，应该说“姜还是老的辣”，我们不得不服。另外一点很重要，这些年轻的教师掌握着非常好的技术，有非常好的感觉。现在已经不是停留在从技术到技术了，而是从模型到计量了，他们都是联系中国实际在研究问题。中国在崛起过程中要让全球了解和理解中国，当然渠道有很多，通过与国际接轨的研究，通过学术发现、通过学术创造，让全球了解中国，了解中国的经济运行机理，了解中国经济发展的逻辑。

今天的年会，有以下三个方面需要完善：

第一，今天的年会大概有 8 场讨论，24 个人，总体来讲，微观方面的多，宏观方面的少，就是微强宏弱，这实际上是失衡的，就是我们从金融的基础理论着手，这个研究方向用力不足。是不是因为宏观方面出成果慢？我们有发展的压力，我们有评职称的压力，这都可以理解，但是如果我们的力量都用在微观方面，这个学科是失衡的，肯定没有发展前途。当然，这并不是说我们微观研究不好、不重要，但是从大局出发，我们应该有更多的人把自己的精力、注意力放在基础理论上，放在大的逻辑方面，放在大的机理方面。

第二，谈学术观点的多，谈学科发展的少。大家看一下，我们论坛的主题是“中国改革开放40年与中国金融学科发展”，几乎没有人谈学科发展，都在讲自己的论文，学科发展好像是无关紧要的事，好像论文都谈好了，我们学科就发展起来了，这不一定。我们在保持金融研究能力，学术发展潜力、学术敏感度的同时，还应该有更高的眼界，着眼于中国人民大学金融学科的发展，我们需要有这种情怀，这才是一种家国情怀。自己关着门，在象牙塔里面抠观点、做模型当然重要，但我们可以向更高的境界迈出一步。

第三，全体会议停下来，吴校长在这里大加赞赏很满意，但我还得挑点刺，这种场合的会议不利于我们介绍论文，我们应该做的是上来以后“三锤两棒子”观点完事，这不利于我们推导公式、计量模型，实际上这8组的论文介绍，我们应该放在另一个场合，比如有8个分会场，一个分会场就用3个小时介绍这篇论文、两个评论，是不是更好？这个会场，实际上年会性质就是展示，烘托人民大学金融学科兴旺发达的气氛景象，学术观点在这儿介绍实际上就委屈了。所以，我们第三届的时候，是不是把会议的组织运行机制进行微调？让我们感到都很舒服。

今天的小结我主要讲三个关键词：心态、故事、素养。

心态。主流经济学诞生两个半世纪以后没有想到与中国经验狭路相逢，主流经济学以什么为标志？这是常识，以1776年亚当·斯密的《国富论》为标志。现在我们已经没有办法回避一个问题，就是全球的经济学界实际上都在想办法消化中国的经验，到目前为止，消化得并不是很好。我们所有的教科书当中根本就没有为解释中国经验准备模型、逻辑和思路，连视角都没有，所以，我们过去学的是欧美经验。现在有一个中国经济出来了，怎么办？其中的要害就是在主流经济学框架中能不能非常好地安顿中国经验。如何安顿？我们年轻一代就应该是一个主要的努力方向，当然，大家在这儿也是安顿中国经验。

面对中国崛起，全球需要调整心态。大家想一想，中国崛起40年，让中国人自己都没有想到，更何况外国人。从中国自己看，40年成就了中国奇迹，这大概任何人说都不会有不同意见。这个问题在什么地方？我们原来很自卑的，到底出现了中国奇迹以后，我们是更加自信，然后更加自省，还是自大？中国人的心态实际上在这个40年的节点需要作一个调整。

外部世界难道不需要调整心态吗？同样需要调整。中国“厉害”了，改变了全球版图，世界是观望、接纳、抵触还是压制？反正都是中国因素惹的“祸”。

中国学者为什么急需要调整心态？因为国人极易陷入两极困局，落后的就自卑，自卑了就西化，成功了就自大，自大了就排外，我们实际上在这样的历史转折点，要寻求不卑不亢的心态“切点”。我们中国人和外部世界，从目前来看都还没有寻找到切点。

如何寻找切点？了解自己是调整心态的良药，我们为什么说自大、自卑？不了解自己、心虚，别人说你长得丑就心虚，别人说你长得好帅就自大，这都是因为不了解自己。实际上，我们急需要了解中国。中国人了解中国吗？不一定。

故事。我一直倡导要讲中国故事，把中国故事讲进课堂、讲进教材。多少年了，在黄达老师那本教科书的带领下，我坚持在人民大学讲了十几年的中国金融故事，还是有一些感触的。讲中国故事不是自吹自擂，而是自省自剖。从中国故事中不是说我多厉害，而是要发现中国的问题，梳理中国的逻辑，找回中国的角色。中国现在到底在全球是什么定位，我们要先心中有数。

我们稍微回顾一下历史。中国是长期丢失自己故事的国度。为什么？近代以来鸦片战争一声炮响，给我们引发了体用之辩，都说西方技术很先进，到底这个技术怎么定位，体用之辩，然后中国人失去了自我。20世纪

40 年代末，中国人讲的是苏联故事，从 70 年代末期的改革开放一直到现在，主流是讲欧美故事，我们实际上还在主流经济学和竞争学的逻辑框架中，我们还不能理直气壮地讲中国故事。90 年代以来，小平同志在我国东南沿海转了一圈以后，是不是提出走中国道路的改革？那是不是意味着它是讲中国故事呢？还不好说。丢失自己的后果相当惨痛。

有这么几个意味着。丢失自己的故事就意味着失去辨别和汲取其他文明营养的能力，我们中国汉唐就有汲取外部营养的能力，然后来丰富自己；意味着失去自尊；意味着失去鼎新自省的能力，最严重的是会迷失前行的方向。你连自己的故事都讲不明白，还讲什么前进的方向？什么市场化改革的方向？什么要加入经济全球化的进程？那都是痴人说梦。

找回中国故事的意义。我们一定要明确不仅仅是重振汉唐雄风，我们祖宗曾经辉煌过，我们有唐诗宋词，我们要重塑国家和国民的自省能力，自省能力包括理论自省和政策自省，然后寻求到符合中国改革开放的道路。

素养。如何找回中国故事？就牵涉我刚才在作总体会议评价时说的几个问题，微观关注得多，宏观关注得少，基础理论关注得更少。为什么？我们能力有限。都是国外民办大学毕业的，能力有限？这不是说瞎话吗？需要两种能力：第一，老师要有讲故事的能力；第二，学生就没有责任吗？要有听故事的能力，这些能力到底如何培养，正是我们所缺乏的。除了专业素养以外，假定我们专业素养很高，有两个素养需要恶补：一个是历史素养；另一个是哲学素养。没有这两个素养，光有专业素养是没有办法从基础理论的角度来进行构建的。

在这里要重温一下黄达先生的两个基础，这两个基础重温完了以后，我的小结就结束了。

2017 年的时候，国际货币研究所办了一个《货币围炉》栏目，跟黄达老师交流意见以后，说这个就是讲基础理论、讲逻辑、讲理论发现，黄老师非常慷慨地答应了。黄老师已经93岁高龄了，在《货币围炉》上讲了第一讲，也是目前为止唯一的一讲。为什么？黄老师讲完以后，找第二个人，就等于给自己挖了一个坑。前面第一讲是谁讲的？是黄达先生讲的，别人就不好再去了。现在就唯独一讲，今天当场让吴老师接第二讲。黄老师在那次《货币围炉》第一讲中语重心长地谈到了两个基础。

基础一，是基础理论。我们现在对基础理论有所忽视，特别是对思想史和理论史忽视得更厉害，财政金融学院到目前没有系统开经济思想史，没有货币思想史、金融思想史，这是一个极大的缺陷。懂技术的人多，懂历史的人少，这就是一个瘸子，走路一瘸一拐的，看着还蹦哒得挺好的。

光有这个基础还不够，虽然这个基础对我们来说已经是相当成问题了，还应该有一个基础的基础，要吸收中华文化的精华。说白了，就是要回到哲学基础，这也就是第二个基础。在同龄人里我读的古诗还算多的，请问在座的谁对诸子百家原著通读过一遍？我相信没有。

下面，我们重温一下黄达老师关于这两个基础观点。

大师语录一：黄达先生谈中华文化与现代货币金融理论的发展

十几年来，关于“依靠东方文化传统的精髓为世界现代货币金融理论的发展做出自己的贡献”，不时有些想法，我曾想，我们是否应该有志于建设出来具有东方神韵的货币金融理论。

不过，在货币金融的教研领域，有多少成员对我们自己的文化传统有必要的素养？应该说，从事货币金融基础理论的教研力量本就不多，能把货币金融基础理论与东方文化传统结合研究的就更是凤毛麟角了。

所以，在我们的教研队伍里，应该引进对中国历史文化有根底的学术力量，如相关专业的本科生、硕士、博士，如果其中有有志于研究经济金融史和学说的更好。无论如何，引进并培养这样的人才应该再次提上日程，应该尽早安排落实。

大师语录二：黄达先生谈中华文化与现代货币金融理论的发展

应关注更为基础的基础，使中华文化传统的净化渗透到货币金融理论中。作为中国的货币、金融理论工作者，不仅应该重视货币、金融的基础理论，还必须把握更基础的基础——中华文化传统的精髓。

我们身处货币金融的教研领域，不仅要重视货币金融领域的基础理论，而且必须重视哲学等基础理论。没有这样的功底，怎能剖析文化传统对于学习、引进西方货币金融理论和做法的影响？更进一步，我们又怎么能够依靠东方文化传统的精髓为世界现代货币金融理论的发展做出自己的贡献？

附　录

中国人民大学金融学科第二届年会（2018）
中国改革开放40年与中国金融学科发展

北京　2018年9月29日

中国人民大学逸夫会议中心

论坛议程

9:00—10:20　**开幕致辞**

主持人：财政金融学院院长、重阳金融研究院执行理事兼院长　庄毓敏

中国人民大学党委书记　靳诺

中国人民大学副校长　吴晓求

中国社会科学院原副院长　李扬

10:20—10:30　**茶歇**

10:30—11:50　**圆桌论坛**

主持人：中国财政金融政策研究中心主任、教授　瞿强

财政金融学院教授、中国社科院学部委员　王国刚

汉青经济与金融高级研究院院长、教授　汪昌云

武汉大学经济与管理学院院长、教授　宋敏

财政金融学院副院长、教授　张成思

财政金融学院教授　刘振亚

商学院副院长、教授　宋华

财政金融学院教授　陈忠阳

对外经济贸易大学研究生院院长、教授　吴卫星

12:00—13:00　**午餐会**

主持人：财政金融学院副院长、教授　赵锡军

重阳金融研究院执行院长　王文

斯洛文尼亚原总统、重阳金融研究院外籍高级研究员　达尼洛·图尔克

国家外汇管理局副局长、党组成员　陆磊

13:00—16:50　**学术报告**

主持人：汉青经济与金融高级研究院院长、教授　汪昌云

学术报告一：科学家独董能够发挥监督职能吗

演讲：财政金融学院教授　许荣

评论：商学院助理教授　陈俊

商学院教授　支晓强

学术报告二：政治关联的代理成本：来自中国18号文的视角

演讲：汉青经济与金融高级研究院副教授　肖刚

评论：财政金融学院教授　何青

商学院副教授　张志强

学术报告三：卖空、投资者信息披露与价格效率：基于中国市场的研究

演讲：商学院副教授　孟庆斌

评论：财政金融学院副教授　郭彪

汉青经济与金融高级研究院助理教授　江颖

学术报告四：贸易条件外部性、冲销干预和中国最优货币政策

演讲：财政金融学院助理教授　芦东

评论：财政金融学院助理教授　刘泽豪

经济学院教授　范志勇

15:00—15:10 **茶歇**

主持人：经济学院副院长、教授　王晋斌

学术报告五：中国艺术品投资收益与资金流动

演讲：经济学院教授　黄隽

评论：财政金融学院教授　涂永红

财政金融学院副教授　钱宗鑫

学术报告六：中国城市住房需求分析

演讲：商学院助理教授　赵大旋

评论：商学院教授　况伟大

财政金融学院副教授　刚健华

学术报告七：金融视角下的中国崛起：概念、条件和战略

演讲：重阳金融研究院研究员　卞永祖

评论：中国经济改革与发展研究院教授　张杰

重阳金融研究院研究员　曹明弟

学术报告八：国有企业和资本错配

演讲：财政金融学院助理教授　朱文宇

评论：经济学院副教授　李三希

经济学院教授　孙文凯

17:40—18:00 **大会总结**

主持人：财政金融学院副院长、教授　谭松涛

财政金融学院学术委员会主任、教授　张杰

财政金融学院简介

财政金融学院的前身——财政信用借贷系，始建于1950年，是中国人民大学最早设立的八大院系之一，也是新中国第一个培养财政金融领域高级人才的基地，为新中国财政金融学科的建立和发展做出了开拓性贡献。1997年，财政金融系与投资系合并，组建成立中国人民大学财政金融学院。现任院长为庄毓敏教授，党委书记为孙华玲副教授。

早在20世纪50年代，财政金融学院教师就编写了新中国第一部金融学教材《货币信用学》和第一部财政学教材《财政学讲义》，以及第一部系统介绍西方货币银行体系的教材《资本主义国家的货币流通与信用》，第一部系统介绍西方财政的参考书《资本主义国家的财政论文选集》，奠定了新中国财政金融高等教育的基础。改革开放以后，活跃在中国财政金融领域的学术带头人多是中国人民大学财政金融学院这一时期的毕业生。

1978年中国人民大学复校以后，财政金融学院获得了空前发展，编写了被誉为中国财政金融理论建设里程碑的著作《社会主义财政金融问题》，以及获得国家级优秀教学成果奖的核心课程教材《货币银行学》《财政学》，奠定了其在财政金融高等教育领域"领头雁"的地位。黄达教授担任首席专家的首批教育部哲学社会科学研究重大课题攻关项目的标志性成果《全球经济调整中的中国经济增长与宏观调控体系研究》，成功入选国家新闻出版署第二届"三个一百"原创图书出版工程。

进入21世纪以来，财政金融学院继续保持良好的发展势头，学科影响力得到进一步提升，鲜明的学科优势和特色基本形成。金融学、财政学于1988年、2001年、2006年、2013年教育部组织的国家重点学科评审中蝉联国家级重点学科。2013年教育部公布国家第三轮一级学科评估结果，中国人民大学理论经济学、应用经济学等9个一级学科排名全国第一，其中以学院金融学、财政学为骨干学科的应用经济学已连续3次排名全国之首。1999年，以财政金融学院为依托的中国人民大学中国财政金融政策研究中心组建以来，在5年一度的教育部人文社会科学百所重点研究基地评审工作中，分别于2004年、2009年和2016年连续3次被评为优秀，均位居经济学术类基地首位。

经过60余年的积淀与发展，财政金融学院已经发展成为国内财政金融领域的教学科研重镇，传统学科领先地位得以巩固，新型交叉学科发展取得重大突破，成为学科健全、体系完整的中国财政金融高等人才的培养基地。学院秉承陕公“始终奋进在时代前列”的精神，科学研究持续面对国家经济社会发展中的重大问题，为党和政府决策服务，为人才培养与教学工作服务，探索出一条兼具国际视野、中国风格、人大学派的应用经济学特色发展之路。

学院现拥有财政、金融两大二级学科，财政系、货币金融系、应用金融系、保险系4个教学单位，拥有财政学、税收学、金融学、保险学、金融工程、信用管理6个本科专业，现有学士学位授权二级学科点2个、硕士学位授权二级学科点2个、专业硕士学位授权点3个、博士学位授权二级学科点2个，形成了种类完善、层次分明的学位教育体系。2011年和2013年，学院分别成为全国金融专业学位研究生教育指导委员会秘书处和教育部高等学校金融学专业教学指导委员会秘书处所在单位。

近年来，学院各类学术品牌论坛影响力大幅提升，海外合作交流不断拓展，智库建设成绩显著。“黄达—蒙代尔经济学奖”“黄达—蒙代尔讲座”、中国资本市场论坛、财金大讲堂、财税论坛、货币金融圆桌会议等各类学术活动精彩纷呈，《人民币国际化报告》《中国资本市场研究报告》等系列年度报告的学术和决策影响力迅速提高；学院通过共同培养、培训访学、定期互访等形式，先后与哥伦比亚大学、康奈尔大学、芝加哥大学、卢森堡大学、剑桥大学等海外知名大学多元化合作交流；中国人民大学重阳金融研究院自2013年成立以来，连续3年入选“全球顶级智库150强”，成为国内高校智库建设的成功典范。

学院会集了我国财政金融学科领域的一大批著名学者，形成了一支老中青均衡组合、具有强大发展后劲和创新精神的学术梯队。学院现有教授32人，副教授31人，其中有14位教师毕业于剑桥大学、伦敦大学、曼彻斯特大学、波士顿大学等海外名校；有9位教育部“长江学者”、1位国家“万人计划”哲学社会科学领军人才、2位国家杰出青年科学基金获得者、6位人事部百千万人才工程国家级人选、13位教育部“新世纪优秀人才支持计划”入选者、8位北京市教学名师。

截至2017年9月，财政金融学院有全日制在校学生2133人，其中本科生1160人（含留学生23人）、硕士生710人（含留学生8人）、博士生263人（含留学生8人）。此外，还有金融EMBA和在职硕士研究生班等非全日制学生1175人。学院始终以培养能够“在东西方两个文化平台上自由往返的人才”为目标，实施多项教学改革，积极探索人才培养新模式，毕业生中已涌现出一大批财政金融领域的领袖人才。

“长风破浪会有时，直挂云帆济沧海。”在中国人民大学建设“双一流”的总体规划指导下，全体财金人以创建和发展“国际视野、中国风格、人大学派”的财政金融特色学科为己任，以打造“世界一流、人民满意”的财政金融学府为使命，不忘初心，继续前进，一起再出发！

中国人民大学重阳金融研究院简介

中国人民大学重阳金融研究院（人大重阳）成立于2013年1月19日，是重阳投资董事长裘国根先生向母校捐赠并设立教育基金运营的主要资助项目。

作为中国特色新型智库，人大重阳聘请了全球数十位前政要、银行家、知名学者为高级研究员，旨在关注现实、建言国家、服务大众。人大重阳聘请了来自10多个国家的96名前政要、银行家、知名学者为高级研究员，与30多个国家的智库开展实质合作。

目前，人大重阳被中国官方认定为G20智库峰会（T20）共同牵头智库、中国金融学会绿色金融专业委员会秘书处、“一带一路”中国智库合作联盟常务理事、中国—伊朗官学共建“一带一路”中方幸头智库。2014年以来，人大重阳连续3年被选入由美国宾夕法尼亚大学推出的国际公认度最高的《全球智库报告》的“全球顶级智库150强”（仅7家中国智库连续入围）。

汉青经济与金融高级研究院简介

中国人民大学是一所综合性全国重点大学，是国家人文社会学科的“领头雁”。目前中国人民大学是国家“985 工程”和“211 工程”重点建设的大学之一。在教育部学位评估中心 2013 年初公布的新一轮全国一级学科评估结果中，人民大学的理论经济学、应用经济学（包括金融学）、工商管理等九个学科排名第一，在人文社会科学领域位居全国高校之首，排名第一的学科总数位居第三。

汉青经济与金融高级研究院（以下简称汉青研究院）的成立旨在发挥中国人民大学在经济学和金融学研究领域的优势，建设具有国际影响力的一流师资团队，致力于长期开展高标准的学术研究、培养拥有国际视野的一流学术人才，开辟经济学科改革与发展的实验田。

全院教师均拥有哈佛大学、斯坦福大学、普林斯顿大学、牛津大学等欧美顶尖学府的经济学或金融学博士学位。多位教师具有海外研究型大学长期任教职的经历。2 位特聘教授入选国家“千人计划”，1 位全职教师入选“长江学者”特聘教授，有 2 位国家杰出青年科学基金获得者，3 位教师入选教育部“新世纪人才计划”，取得了丰硕的科研成果。

汉表研究院自成立以来，学院在经济金融学科建设、科研水平和人才培养国际化等方面取得显著成绩。汉青研究院毕业生依靠经济学理论基础扎实、金融量化分析技能娴熟、兼具国际视野和本土情怀，在深造和求职方面取得了骄人的成绩。部分学生相继取得在美国麻省理工学院、宾夕法尼亚大学、加州大学伯克利分校、加利福尼亚州大学洛杉矶分校、英国剑桥大学等国外一流大学深造的机会，其竞争能力获得了国外一流大学的高度评价。大多数学生成功获得顶级金融机构、政府机关、大型国有企业以及知名外资企业的就业机会，其中包括中国人民银行、外汇管理局、银保监会、高盛公司、中金公司、瑞银证券、摩根大通、新天域资本、摩根士丹利及各大银行总行等。

汉青研究院坚持办学的国际性，与全球一流高校探讨和推进全方位、多层次的战略合作，共同设立研究课题，共享研究成果，探讨并达成了一系列具有广度与深度的合作意向。现已与美国芝加哥大学签署战略合作协议，与加拿大女王大学签订联合办学协议。建立包括斯坦福大学、宾夕法尼亚大学、哥伦比亚大学、加州大学伯克利分校等一流学府在内的学生交换网络。同时，汉青研究院加强与政府、业界合作，增强社会影响力，成立反垄断与竞争政策研究所、量化投资研究中心等。

“国际化、高水平、多层次、形式新颖”是汉青学术活动的主要特色。汉青研究院成立以来，组织了多次高规格、多层次的学术活动，邀请国内外顶尖学者及业界资深人士参与，探讨的主题除经济学和金融学的学术前沿领域，还密切关注当前经济热点问题与发展趋势。据不完全统计，自汉青研究院成立以来，到访汉青研究院的国际著名学者达到180余人次，来自哈佛大学等36所世界顶级名校，国内知名学者超过500人次，举办的中等规格以上的会议、论坛百余场，名副其实地成为国内经济、金融学术交流的重镇。

中国人民大学商学院简介

商学院的前身是1950年成立的工厂管理系、贸易系、簿记核算和财政信贷教研室，是我国最早开办管理教育的单位，是新中国工商管理教育的奠基者。经过60余年的发展，学院为企业和政府机培养了大批专业的经济管理人才；为中国的高校培养了大量师；开设了许多新的教育项目；开放了许多新的研究领域；编写的教科书在国内高校广泛使用；为政府决策和企业发展积极建言献策，是中国管理教育的重要开创者。商学院下设企业管理系、组织与人力资源系、市场营销系、管理科学与工程系、贸易经济系、会计系和财务与金融系等7个学系。商学院师资力量完备，结构整齐，教学科研实力雄厚，现有专职教师145人，其中海外毕业博士4人，占教师总数的30%，包括一批来自美国麻省理工学院、普林斯顿大学、卡内基梅隆大学等海外名校的博士。南学院拥有工商管理国家重点一级学科以及企业管理、产业经济学和会计学3个国家重点二级学科，学科综合实力在国内高校中名列前茅。2012年，中国人民大学工商管理学科在教育部第三轮一级学科评估中名列全国第一。商学院包括工商管理学科中从本科到博士的所有学位和培养项目，拥有7个博士点、9个硕士点、5个专业硕士项目和7个本科专业方向。

近年来，商学院大力推进国际化战略，并于2010年、2013年先后通过了EQUIS7认证和AACSB认证，成为中国内地首批获得两大全球管理教育项级认证的商学院之一。商学院与美国、加拿大、英国、丹麦、爱尔兰、芬兰、法国、日本、韩国、澳大利亚、比利时、荷兰等国以及中国香港、中国台湾地区的70余所著名大学建立了长期、密切的人员互访、学生交换及学术交流等合作关系。2012年，参与耶鲁大学管理学院“全球高端管理联盟”的发起和成立，学院国际影响力大幅提升。2014

年、2016 年，学院 MBA 项目、高层管理教育项目、EMBA 项目全部进入《金融时报》全球商学院排名 50 强，分列全球第 43 名、第 49 名和第 43 名。

中国人民大学重阳金融研究院图书出版系列

一、智库作品系列

《最后一场世界大战．美国挑起与输掉的战争》格拉济耶夫 著．世界知识出版社．2019 年 8 月

《强国与富民》中国人民大学重阳金融研究院 主编．中国人民大学出版社．2019 年 8 月

《强国长征路：百国调研归来看中华复兴与世界未来》王文 著．中共中央党校出版社．2019 年 7 月

《“一带一路”这五年的故事（7 本六大语种）》刘伟 主编．外文出版社．2019 年 4 月

《货币起源》周洛华 著．上海财经大学出版社．2019 年 4 月

《别误读中国经济》罗思义 著．天津人民出版社．2019 年 2 月

《看好中国 英文版》王文 著．英国莱斯出版社．2018 年 11 月

《中国改革大趋势》刘伟 主编．人民出版社．2018 年 10 月

《造血金融与一带一路：中非发展合作新模式》程诚 著．中国人民大学出版社．2018 年 8 月

《新丝路、新格局——全球治理变革的中国智慧》王利明 主编．新世界出版社．2018 年 6 月

《富豪政治的悖论与悲喜》陈晨晨 著．世界知识出版社．2018 年 4 月

《“一带一路”民心相通》郭业洲 主编．人民出版社．2018 年 1 月

《看好中国：一位智库学者的全球演讲》王文 著．人民出版社．2017 年 10 月

《风云激荡的世界》何亚非 著．人民出版社．2017 年 10 月

《读懂“一带一路”蓝图》刘伟 主编．商务印书馆．2017 年 8 月

《金砖国家：新全球化发动机》王文、刘英 著．新世界出版社．2017 年 7 月

《全球治理新格局——G20 的中国贡献于未来展望》费伊楠、人大重阳 著．新世界出版社．2017 年 7 月

《“一带一路”故事系列丛书（7 本 6 大语种）》刘伟 主编．外文出版社．2017 年 5 月

《世界新平庸 中国新思虑》何伟文 著．科学出版社．2017 年 5 月

《一带一路：中国崛起的天下担当》王义桅 著．人民出版社．2017 年 4 月

《在危机中崛起：美国如何实现经济转型》刘戈 著．中信出版集团．2017 年 4 月

《绿色金融与“一带一路”》中国人民大学重阳金融研究院、中国人民大学生态金融研究中心 著．中国金融出版社．2017 年 4 月

《破解中国经济十大难题》中国人民大学重阳金融研究院 著．人民出版社．2017 年 3 月

《伐谋：中国智库影响世界之道》王文 著．人民出版社．2016 年 12 月

《人民币为什么行》王文 、贾晋京 编著．中信出版集团．2016 年 11 月

《中国—G20（大型画册）》中国人民大学重阳金融研究院 著．五洲传播出版社．2016 年 8 月

《G20 问与答》中国人民大学重阳金融研究院 著．五洲传播出版社．2016 年 8 月

《全球治理的中国方案》辛本健 编著．机械工业出版社．2016 年 8 月

《“一带一路”国际贸易支点城市研究（英文版）》中国人民大学重阳金融研究院 著．新世界出版社．2016 年 8 月

《2016：G20 与中国（英文版）》中国人民大学重阳金融研究院 著．新世界出版社．2016 年 7 月

《世界是通的——“一带一路”的逻辑》王义桅 著．商务印书馆．2016 年 6 月

《一盘大棋——中国新命运的解析》罗思义 著．江苏凤凰文艺出版社．2016 年 4 月

《美国的焦虑：一位智库学者调研美国手记》王文 著．人民出版社．2016 年 3 月

《2016：G20 与中国》中国人民大学重阳金融研究院 著．中信出版集团．2016 年 2 月

《“一带一路”国际贸易新格局：“一带一路”智库研究蓝皮书 2015—2016》中国人民大学重阳金融研究院 主编．中信出版集团．2016 年 1 月

《G20 与全球治理：G20 智库蓝皮书 2015—2016》中国人民大学重阳金融研究院 主编．中信出版集团．2015 年 12 月

《“一带一路”国际贸易支点城市研究》中国人民大学重阳金融研究院 著．中信出版集团．2015 年 12 月

《从丝绸之路到欧亚大陆桥》黑尔佳·策普－拉鲁什、威廉·琼斯 主编．江苏人民出版社．2015 年 10 月

《财富新时代——如何激活百姓的钱》王永昌 主笔 & 主编．中国经济出版社．2015 年 7 月

《生态金融的发展与未来》陈雨露 主编．人民出版社．2015 年 6 月

《构建中国绿色金融体系》绿色金融工作小组 著．中国金融出版社．2015 年 4 月

《“一带一路”机遇与挑战》王义桅 著．人民出版社．2015 年 4 月

《重塑全球治理——关于全球治理的理论与实践》庞中英 著．中国经济出版社．2015 年 3 月

《金融制裁——美国新型全球不对称权力》徐以升 著．中国经济出版社．2015 年 1 月

《大金融与综合增长的世界——G20 智库蓝皮书 2014—2015》陈雨露 主编．中国经济出版社．2014 年 11 月

《欧亚时代——丝绸之路经济带研究蓝皮书 2014—2015》中国人民大学重阳金融研究院 主编．中国经济出版社．2014 年 10 月

《重新发现中国优势》中国人民大学重阳金融研究院 主编．中国经济出版社．2014 年 8 月

《谁来治理新世界——关于 G20 的现状与未来》中国人民大学重阳金融研究院 主编．社会科学文献出版社．2014 年 1 月

二、学术作品系列

《中国绿色金融发展报告 2018》马中、周月秋、王文 主编．中国金融出版社．2018 年 7 月

《全球视野下的金融学科发展》吴晓求 主编．中国金融出版社．2018 年 5 月

《“一带一路”投资绿色标尺》王文、翟永平 主编．人民出版社．2018 年 4 月

《“一带一路”投资绿色成本与收益核算》王文、翟永平 主编．人民

出版社. 2018 年 4 月

《中国绿色金融发展报告 2017》马中、周月秋、王文 主编. 中国金融出版社. 2018 年 1 月

《互联网金融风险与监管研究》刘志洋、宋玉颖 著. 中国金融出版社. 2017 年 9 月

《从万科到阿里——分散股权时代的公司治理》郑志刚 著. 北京大学出版社. 2017 年 4 月

《金融杠杆与宏观经济：全球经验及对中国的启示》中国人民大学重阳金融研究院 著. 中国金融出版社. 2017 年 4 月

《DSGE 宏观金融建模及政策模拟分析》马勇 著. 中国金融出版社. 2017 年 2 月

《金融杠杆水平的适度性研究》朱澄 著. 中国金融出版社. 2016 年 10 月

《金融监管与宏观审慎》马勇 著. 中国金融出版社. 2016 年 4 月

《中国艺术品金融 2015 年度研究报告》庄毓敏、陆华强、黄隽 主编. 中国金融出版社. 2016 年 3 月

三、金融下午茶系列

《有趣的金融》董希淼 著. 中信出版集团. 2016 年 7 月

《插嘴集》刘志勤 著. 九州出版社. 2016 年 1 月

《多嘴集》刘志勤 著. 九州出版社. 2014 年 7 月

《金融是杯下午茶》中国人民大学重阳金融研究院 主编. 东方出版社. 2014 年 4 月